André Bellon
Anne-Cécile Robert

Un totalitarisme tranquille

La démocratie confisquée

Dans la collection
« Arguments & mouvements »

La CFDT au péril du libéralisme, Jean-Claude Aparicio, Michel Pernet, Daniel Torquéo

Les Retraites au péril du libéralisme, Pierre Khalfa et Pierre-Yves Chanu (coord.)

André Bellon : 57 ans, ancien élève de l'École polytechnique. Ancien président de la Commission des affaires étrangères de l'Assemblée nationale; aujourd'hui retiré de la vie politique, il se consacre à la réflexion.

Anne-Cécile Robert : 34 ans, docteur en Droit., spécialiste de l'Union européenne. Journaliste au *Monde Diplomatique,* elle est, par ailleurs, membre du mouvement des Cercles Condorcet.

Photo de couverture : Marc Silberstein
ISBN : 2-913165-42-7

Table des matières

Préface

Henri Pena-Ruiz

Ce livre est de deux esprits libres, qui pensent avec rectitude. On le lira comme un rappel, – et un réveil – salutaire. Il prend le contre-pied des faux-semblants du jour, en même temps qu'il pointe les contradictions de ce qu'il faut bien appeler l'idéologie dominante. C'est qu'il s'attache non seulement à la nature réelle des problèmes essentiels, mais aussi à la façon dont trop souvent l'opinion à leur propos est aujourd'hui formée, et conformée. La pensée, la vraie, n'a cure des conformismes qui signent son élision, et convertissent des représentations irréfléchies en lieux communs. Elle est, comme disait Kant, l'audace de penser par soi-même : « *sapere aude* », devise des Lumières.

Anne-Cécile Robert et André Bellon assument ce courage là, et ils nous aident dans la tâche toujours ingrate de résister aux séductions de l'opinion « facile », de voir clair alors que le monde est inondé de lumières qui aveuglent. Dans la douce torpeur des tranquilles conversions à la religion du marché, un véritable totalitarisme idéologique se met en effet en place. La prison, cette fois-ci, est dorée – pas pour tout le monde il est vrai ; mais la misère moderne n'est pas un problème interne, puisqu'elle concerne les « exclus ». Nouveau langage, nouveaux habits idéologiques. Nouvelle conception des rapports entre les hommes ? Rien n'est moins sûr, dès lors que l'exploitation demeure, avec ses effets visibles pour qui s'attache à bien scruter ce qui se passe, même sous des oripeaux qui pourraient faire illusion. D'où la nécessité de déjouer des rhétoriques en même temps que des apparences.

La fonction essentielle de cet ouvrage pourrait bien être celle d'un manuel de la citoyenneté critique, c'est-à-dire tout à la fois lucide et affranchie des illusions médiatiques ou de l'air du temps. Il est si difficile désormais de ne pas être « moderne », avide de nouveau, en phase avec ce qui est – ou ce qui fait – « jeune » ! « Être dans le coup ». Formule obligée des mimétismes qui indexent le niveau de reconnaissance sociale sur le degré de servilité dans le ralliement aux préjugés de l'heure.

Sous les fantasmagories chatoyantes de la démocratie mise en scène plutôt qu'en acte, n'y aurait-il pas le sourd triomphe d'une nouvelle figure de totalitarisme, « tranquille » celui-là, c'est-à-dire sans violence manifeste, et même accompagné des douces musiques d'aéroport ou de supermarché ? C'est la question que pose avec autant de force que de clarté l'ouvrage qu'on va lire ici, et dont le titre saisissant dit l'orientation essentielle.

Deux siècles après que l'émancipation révolutionnaire du droit et de la politique se soit conjuguée avec le projet d'une émancipation intellectuelle et culturelle par l'instruction publique, qu'en est-il advenu ? Envisager l'hypothèse d'un « totalitarisme tranquille », c'est inviter à mettre à l'épreuve les dérives majeures d'une démocratie qui, à vouloir se construire contre l'abstraction libératrice des principes, risque bien de sombrer dans sa propre caricature, et d'ouvrir la voie à des formes inédites d'oppression. Il n'est jamais bon que la liberté de conscience tourne au libre essor de l'obscurantisme, et que la tolérance soit confondue avec le relativisme. Celui-ci, Platon le montrait déjà, fait bien vite le lit de la tyrannie.

Il n'est pas bon non plus que la réalité concrète semble faire mentir les idéaux, rituellement invoqués dans la litanie des droits de l'homme alors que les ressorts de l'injustice restent intacts et n'en finissent pas de produire leurs effets. Ces idéaux, qui furent des conquêtes de portée universelle et non de simples héritages culturels, semblent sonner faux pour tous ceux qui ne jouissent pas des conditions minimales de la dignité humaine. L'incantation humanitaire, la religion des droits de l'homme constituent au mieux le supplément d'âme d'un monde sans âme, et il faudrait enfin rappeler la politique à ses devoirs, comme à sa vocation la plus haute. C'est ce que font avec conviction les auteurs de ce texte. Et à ce titre, ils redonnent des raisons d'espérer.

Il s'agit d'abord de débusquer, sous les antiennes du « village planétaire », de la société « communicante » à souhait, « moderne » et « cool », les nouvelles figures de la domination des consciences, du dessaisissement des citoyens, et les thèses idéologiques qui leur sont liées. Car, à l'âge de la mort supposée des idéologies, l'idéologie dite libérale pour recueillir les beaux attributs de la liberté se porte aussi bien que les nouveaux pauvres se portent mal. De fait, il faut bien constater que l'hégémonie d'une idéologie que l'on a pu qualifier de pensée unique tend à s'imposer sans véritable discussion officielle. Et qu'elle prend la forme perverse d'un consensus prétendu, que la torpeur du débat médiatique ne permettrait plus de contester. Le capitalisme rendu à ses esprits animaux, horizon indépassable de notre temps, comme le prétend l'idéologue américain Francis Fukuyama ? L'idée d'une fin de l'histoire, et du progrès, a pourtant quelques rides, et chacun sait bien qu'elle masque assez mal une triviale visée apologétique.

Il faut saluer comme ils le méritent les analystes qui ne prennent pas leur parti de cette « pensée zéro », et cherchent à revivifier le débat par des considérations que Nietzsche aurait qualifiées d'intempestives, pour signifier qu'elles entendent résister à l'air du temps. Ils savent bien qu'ils risquent d'encourir les reproches devenus usuels, et que dictent les nouvelles formes du principe d'autorité. Archaïsme, nostalgie, universalisme abstrait, frilosité, jacobinisme crispé, esprit « laïcard », ringardise, etc. L'invective, qui croit pouvoir tenir lieu d'argument, tente de congédier toute objection à l'idéologie conforme.

C'est que le questionnement, à l'âge du totalitarisme tranquille, de l'assoupissement dans le tintamarre audiovisuel, mais aussi de la frénésie aveugle de la nouveauté, tend à changer de nature. Il ne s'agit plus en effet de demander « Ceci est-il vrai ? » ou « Ceci est-il juste ? ». Mais plutôt : « Ceci est-il nouveau ? », « Ceci est-il moderne ? » ; Anne-Cécile Robert et André Bellon soulignent avec une certaine verve certains des paradoxes engendrés par la frénésie réactionnaire de « nouveautés » en réalité régressives. On les suivra dans ce rappel décapant de certaines régressions terriblement archaïques, qui se présentent pourtant comme des pas décisifs vers l'avenir radieux d'un libéralisme sans rivage.

Bref, il faut lire *Un totalitarisme tranquille* comme une remontée aux sources vives de l'intelligence politique, un manifeste pour refonder une citoyenneté éclairée, un dictionnaire critique des idées reçues. Mais surtout, comme un exemple généreux de raison en acte, qui réconcilie avec la politique par-delà tous les désespoirs et tous les désenchantements qui en ont brouillé l'image.

« Minet du Cheshire... », commença Alice, ne sachant si ce nom lui plairait. Mais le sourire du Chat s'élargit ostensiblement... Alice poursuivit :

« Voudriez-vous, je vous prie, me dire quel chemin je dois prendre pour m'en aller d'ici ? »

« Cela dépend en grande partie du lieu où vous voulez vous rendre », répondit le Chat.

« Je ne me soucie pas trop du lieu... » dit Alice.

« Alors, peu importe quel chemin vous prendrez », déclara le Chat.

« ...pourvu que j'arrive quelque part », ajouta, en matière d'explication, Alice.

« Oh, dit le Chat, vous pouvez être certaine d'y arriver, pourvu seulement que vous marchiez assez longtemps. »

Lewis Caroll, *Alice au pays des merveilles*

Introduction

« Démocratie » fait partie de ces mots qui, comme « liberté », sont d'autant plus invoqués qu'ils ont perdu tout sens et souvent toute réalité. Les valeurs démocratiques, au nom desquelles l'Occident donne des leçons au monde, voire engage des opérations militaires, sont malmenées, dévoyées, remises en cause. La crise de la démocratie libérale, y compris dans sa version républicaine, la crise de la citoyenneté, celle des corps intermédiaires et des formes de représentations, font depuis le début des années 80 l'objet d'analyses et de débats[1].

Mais il ne s'agit plus d'une simple crise. On assiste à une véritable mutation culturelle et historique. Si la chute du système soviétique a ouvert de nouveaux espaces aux libertés dans le monde, la culture démocratique est en crise, dans les pays mêmes qui l'ont vue naître. Selon le philosophe américain Michael Walzer, « *la culture démocratique a du mal à se maintenir même dans les pays où les pratiques démocratiques sont le mieux enracinées : acceptation du pluralisme, droits de l'opposition, système organisé pour remplacer les dirigeants, liberté d'association et de la presse...* »[2]. Il s'agit d'une transformation du paradigme philosophique qui fonde les sociétés politiques depuis la période des Lumières. Cette mutation qui a des causes réelles et profondes, en particulier l'individualisme contemporain et l'implosion du contrat social sous l'effet de la mondialisation économique, est en passe de servir de prétexte à une mort programmée de la démocratie.

En effet, si certains, notamment dans les milieux militants progressistes, cherchent à réactiver des espaces de citoyenneté, d'autres, plus visibles ou plus puissants, théorisent une démocratie sans citoyens ou se contente de jouer les syndics de faillite, avec ce fatalisme qui caractérise les gens bien installés[3]. Ainsi, par exemple, Laurent Cohen-Tanugi soulignait-il, en 1992, la pertinence d'un rôle accru des experts, au détriment des citoyens[4]. La montée de l'abstention, naguère stigmatisée, devient le signe d'une «*dédramatisation*»[5] de l'échéance électorale ou celui que la France «*intègre enfin le cercle des grandes démocraties modernes*»[6]. De manière plus perverse, le citoyen disparaît au profit de la catégorie abstraite, impalpable et pour cela ô combien manipulable de l'«opinion». Ainsi, dès 1989, le premier ministre Michel Rocard, dans un discours resté célèbre et prononcé à Joué-les-Tours, suggérait-il que la «*maturité de l'opinion*» devait rendre les responsables politiques plus discrets. «*Notre démocratie devient, de plus en plus, un système dans lequel le peuple existe et ne laisse à personne d'autre que lui-même le soin de l'exprimer. Il n'y a lieu que de s'en féliciter, puisque nous avons affaire à des citoyens qui sont, collectivement, d'une intelligence que je trouve, chaque jour, confondante.*» Faisait-il allusion à la ménagère de moins de 50 ans qui alimente les programmes éducatifs des chaînes commerciales, aux sondages sur la xénophobie… ?

Plus profondément, la «démocratie des individus»[7] ou le «post-humanisme» – concepts piliers des penseurs dominants – conduisent progressivement à un post-démocratisme qui, sous prétexte de laisser s'exprimer les aspirations les plus prosaïques des individus, les laissent s'endormir sur eux-mêmes dans une douce torpeur qui laisserait les «choses sérieuses» aux «gens sérieux». «*Le démocratie*, constate

Alain Touraine, *représente plus directement que dans le passé la subordination de l'organisation sociale à un principe non social, celui de la liberté humaine.* » Il ajoute : « *Nous nous définissons de moins en moins par ce que nous faisons, et de plus en plus par ce que nous sommes, par le sexe, l'âge, l'ethnie, la nationalité, la religion, etc.* [...] *La démocratie n'est pas un problème de répartition des biens, c'est un problème de droits.* »[8] Les aveux répétés d'impuissance des politiques, la dépossession croissante des pouvoirs de l'État au profit du marché ou d'instances internationales chargées d'assurer le développement de ce dernier, achèvent de justifier, auprès d'une opinion déboussolée par vingt ans de crise économique et de volte-face politiques, la réduction de l'espace démocratique.

Dans le même temps, une demande confuse de démocratie se manifeste dans le corps social. Des initiatives multiformes sont prises pour y répondre. Des processus de participation et de consultation sont mis en œuvre dans le cadre, par exemple, des politiques publiques, de la décentralisation, des procédures d'évaluation, de comités consultatifs locaux, etc. De leur côté, de nombreux citoyens cherchent les voies d'une démocratie de proximité et investissent le tissu associatif, avec souvent une dimension festive. Pourtant, malgré la richesse de ces entreprises, le cœur de la crise n'est pas atteint. La démocratie, en tant que gouvernement du peuple par le peuple pour le peuple, disparaît inexorablement au profit de délégation de plus en plus larges, lointaines et non consenties la plupart du temps, de pouvoir à des instances interministérielles, technocratiques, scientifiques, économiques ou techniques.

De nouvelles panacées sont proposées à des citoyens privés de grilles de lecture du réel par la mort prétendue des idéologies : localisme, cyberdémocratie, communautarisme, souverainisme archaïque, société civile… Toutes ces propositions, dont certaines sont porteuses de vrais espaces de démocratie, ne sont souvent que la compensation, l'alibi, de la confiscation réelle du pouvoir opérée au détriment des membres du corps social. Cette confiscation se traduit par l'anéantissement des lieux collectifs d'exercice du pouvoir (les assemblées réduites à des chambres d'enregistrement), la disparition même de la thématique de l'intérêt général au profit de la gestion au cas par cas des revendications sociales ; l'étiolement d'une classe politique qui ne représente plus la réalité du corps social ; l'exclusion du débat public de certaines questions (tenant en particulier aux fondements et l'organisation de l'ordre social), la réduction de problèmes fondamentaux à leurs aspects les plus anecdotiques. Souvent on confond, ou on feint de confondre, extension des espaces de parole (par exemple, Internet) et extension de la démocratie. Parler, savoir, n'amène pas forcément prise de conscience et action. La liberté se limiterait-elle à du pain et des jeux assortis de la possibilité d'en parler autour de soi ? Claude Lefort repère dans le discours de la « *communication sociale le désir d'occulter les rapports d'autorité et les différences de statuts sociaux en créant, par le dialogue, l'illusion d'un groupe où chacun est à égalité* »[9]. Souvent on confond, ou on feint de confondre problème de fond et réforme de structure : la « mélancolie démocratique » pourrait être résolue par quelques bricolages institutionnels comme la parité hommes-femmes, la réduction du mandat présidentiel, la multiplication des autorités administratives indépendantes… Souvent, on croit ou on feint de croire, que la démocratie de proximité est l'avenir. Ainsi Michel Rocard soulignait-il « *l'articulation nouvelle qui est en train de s'établir entre les partis, l'électorat, l'opinion, les syndicats, donne au politique proprement dit une nouvelle capacité d'initiative et d'action*», pour peu qu'ils sachent «*développer des formes de militantisme de proximité, associatives ou autres*». Il est évidemment agréable d'organiser des barbecues de quartiers mais quel poids cela confère-t-il sur la marche du monde ? La transformation, très à la mode, du mot «citoyen» en adjectif traduit sa perte progressive de contenu. Et Dominique Schnapper s'est légitimement offusquée qu'il devienne un synonyme de «*sympa*»[10]. La figure du citoyen libre, autonome, rationnel et solidaire s'efface au profit du consommateur débonnaire élément de base de la «tribu planétaire».

On confond ou on feint de confondre parce que, au fond, soit on manque d'imagination, soit on ne croit plus à la démocratie... En effet, c'est l'imaginaire démocratique qui disparaît, au sens où les figures archétypiques du vouloir-vivre ensemble ne sont plus démocratiques : elles tournent autour des racines ou de la science fiction (le footballeur, le manager, l'ami). Si l'on en revient à quelques définitions de base, on mesure à quel point nos sociétés sont loin d'avoir réalisé l'idéal démocratique des Lumières. Et que loin d'être les formes achevées de la liberté, elles en construisent petit à petit le tombeau. L'ampleur des mécanismes de confiscation du pouvoir et la puissance actuelle du déterminisme social permettent de mesurer le chemin qui reste à parcourir.

Il n'est pas fortuit que, de manière concomitante, deux idées se soient développées dans la dernière décennie : la fin des idéologies et la fin de l'histoire. Cette double affirmation traduit une même idée générale : la société libérale est la forme achevée de la démocratie. L'histoire est terminée parce qu'il est impossible et inutile d'en dépasser les acquis ; les pensées construites sont sans objet parce qu'il n'y a plus de question sur les fins dernières de l'humanité : il n'y a plus que des discussions techniques sur la meilleure façon d'organiser et de gérer l'acquis économique et social des sociétés post-industrielles. Dans la négation de l'idéologie et de l'histoire, il y a ainsi quelque chose de typiquement idéologique : la négation du rapport dominants / dominés, et le refus de l'histoire comme manifestation du désir des hommes d'améliorer constamment leur sort. Le discours de la communication sociale qui crée l'illusion, l'« *apparence, d'une commune appartenance au monde* » (Claude Lefort[11]) dissimule de moins en moins bien la permanence de la division sociale, c'est-à-dire à la fois le défaut de cohésion sociale et l'incapacité du discours dominant à rendre compte de la réalité. Il dissimule mal que le particulier a vaincu l'universel, laissant l'homme « *prisonnier de sa solitude* », selon l'expression de Hegel. Même s'ils sentent confusément cette dépossession, nos concitoyens se laissent porter, donnant raison à la phrase de Jean Rostand : « *Si tu refuses ton propre combat, on fera de toi le combattant d'une cause qui n'est pas la tienne.* »

Le voile d'opacité jeté par l'idéologie sur la profondeur du social enferme la pensée. La raison peine à formuler les instruments intellectuels, les concepts, qui vont permettre de reconstruire la démocratie, de refaire une révolution politique que les progressistes occidentaux considéraient comme acquise depuis la Révolution française. Pourtant, nous ne pensons pas, avec François Furet, que le sens de l'histoire serait 1793 *puis* 1789. Car les acquis de la révolution bourgeoise de 1789 eux-mêmes vacillent sous nos yeux.

En France, la remise en cause de la démocratie se traduit par la destruction du modèle républicain, forme particulière prise par la démocratie en France à partir de la 3e République. Les penseurs libéraux qui croient, en attaquant la République, faire triompher leur conception de la démocratie[12] participent en fait à la destruction de la démocratie. Dans cette perspective, ce que le discours dominant appelle des « crispations républicaines » peuvent être interprétées comme une volonté de résister à une entreprise de destruction des libertés.

On comprend alors pourquoi, depuis deux décennies, de façon d'abord feutrée, puis petit à petit officielle, une entreprise de dénigrement de la République a eu lieu consciemment sous la pression d'intellectuels, d'hommes politiques, d'intérêts économiques et financiers. Elle a eu pour objet de faire apparaître, sur l'échiquier mondial, la République comme une conception marginale, dépassée, un archaïsme français en quelque sorte, voire comme un instrument répressif. En assimilant la République au nationalisme, en assimilant la nation au sectarisme, les forces qui détruisent les valeurs républicaines ont tenté et tentent de démontrer ses dangers et son inadaptation « au monde mondialisé » que nous vivons.

Ainsi Pierre Rosanvallon[13] nous explique-t-il que les erreurs successives de la République doivent, non pas conduire à son amélioration, mais à la remise en cause de son essence même. Ainsi, nous dit-il, le peuple est une fiction ; admettons, mais au nom de quoi les communautés diverses le sont-elles moins ? Sauf à admettre que ce discours théorique n'est destiné qu'à remettre en cause la souveraineté populaire. Nous expliquant que la « *démocratie représentative est une association de pouvoir populaire et de valeurs aristocratiques* », Pierre Rosanvallon en arrive à prêcher pour une démocratie d'opinion qui, dans les faits, est purement l'expression des attentes d'une classe dirigeante que gène la démocratie représentative.

Certes, la République a prêté le flan aux attaques. Après les Trente Glorieuses, la montée du chômage, la précarité, la crise de l'école ont révélé une rupture du contrat républicain (égalité, progrès social partagé). Certes aussi, l'histoire de la République n'est pas linéaire et il importe aujourd'hui d'en voir les erreurs comme d'en rappeler les principes. La France s'est parfois égarée sur des voies fermées alors que la conception de la Nation par les grands républicains était très ouverte ; cela étant, en quoi certaines hésitations entre repli et ouverture dans l'histoire de France condamnent-elles les valeurs républicaines ? Les pulsions les plus nationalistes ont souvent été les plus antirépublicaines (affaire Dreyfus, affaire Boulanger...). Bien sûr, depuis deux siècles, la France a souvent hésité entre un discours universel et un repli sur elle-même ; les guerres n'ont évidemment pas poussé vers la conception universaliste, mais plutôt, au contraire, vers l'affirmation de l'identité nationaliste ; il en a été de même du fait de la colonisation : celle-ci, en effet, a conduit à la remise en cause, dans les colonies, de ce principe fondamental de la République qu'est la primauté de la loi sur le règlement et donc à l'affaiblissement de fait de la souveraineté populaire, source républicaine de la loi. La guerre de 1870 et surtout celle de 1914-1918 ont amené beaucoup de responsables français à donner priorité à l'intérêt de la France, considérée comme un être éternel, sur les principes républicains.

En fait, depuis la fin de la première guerre mondiale, l'identité politique en France a été fort opaque. Le grand perdant de la guerre de 1914-1918, finalement, fut la République dont le glas fut sonné par l'assassinat de Jean Jaurès. Qui plus est, les hommes politiques français, après 1918, n'avaient non seulement pas les moyens de faire appliquer les traités que la France avait imposés, mais ne savaient pas analyser les rapports de force issus de cette guerre. Faute d'une telle analyse, coincés dans un rapport de force non assumé psychologiquement, nombre de responsables de l'entre-deux-guerres ont tenu un discours aussi chauvin qu'inefficace ; la référence à la République est alors devenue largement incantatoire : elle a fini, malgré les efforts d'hommes et de gouvernements réellement progressistes, par être perçue comme un pur symbole nationaliste.

Après la seconde guerre mondiale, la tendance à l'incantation a perduré ; l'incapacité à comprendre le monde nouveau a fait paraître, à l'exception de cas notables, mais isolés (Pierre Mendès-France), la plupart des hommes politiques républicains comme d'aimables dinosaures : insuffisance d'analyse des évolutions sociales, de la décolonisation... Une telle situation aurait pu pousser à réaffirmer la force des principes ; elle a, au contraire, servi de prétexte à les remettre en cause : au nom des incapacités, voire des trahisons de politiciens inconséquents, au nom de l'utilisation, d'ailleurs pas très nouvelle, des symboles républicains par des forces de droite, voire d'extrême droite, des hommes de gauche ont rejeté la République en même temps que la Nation. Petit à petit, au long en particulier des années 60, une gauche dite nouvelle s'est présentée comme combattant les principes même qui fondaient la société républicaine ; c'est ainsi qu'ont fleuri les thèmes différentialistes, qu'ont été exalté les particularismes (rappelons le slogan : décoloniser la province), qu'ont été combattu l'État, les services publics, qu'a été exalté le libéralisme dit de gauche contre un libéralisme sauvage dont on ne voit jamais très clairement ce qui le différencie du précédent.

La seule véritable nouveauté est que le discours universel tenu par les forces dites progressistes n'est plus celui d'une volonté et de principes, d'un projet pour l'humanité, mais celui de la démission face aux forces qui tendent à dominer le monde.

Les septennats de François Mitterrand ont marqué la mise en œuvre concrète de cette pensée nouvelle de « la gauche ». Non sans une certaine ambiguïté toutefois comme si le président de l'époque gardait, du moins sur le plan symbolique, un attachement aux références républicaines du passé ; ambiguïté bien fragile cependant, le poids des intérêts immédiats l'emportant sur les références de fond ; la commémoration du bicentenaire de la Révolution en 1989 fut caractéristique : voulue ambiguë par un pouvoir soucieux de consensus avant tout, cette fête, carnaval sans confetti, fut un défilé des tribus de l'espace universel. Chacun était censé y trouver quelque chose, sauf la République. Mais qu'importait alors ?

Depuis ce défilé publicitaire, dix ans ont passé ; quatre gouvernements se sont succédés ; symboles d'une alternance sans alternative, ils ne trouvent leur singularité respective que dans des gestes sans conséquence ou dans une soumission plus forte aux contraintes de la « globalisation » des économies. Mais curieusement, la référence à la République prend, en même temps, une place de plus en plus forte dans le discours politique, en tout cas dans les discours électoraux ; comme si l'incapacité à la faire vivre, ses remises en cause perpétuelles par les gouvernements de toutes tendances avaient besoin de se légitimer par le verbe.

C'est la critique principale que l'on peut faire à cet être baroque qu'est devenu la gauche officielle ; qu'une nouvelle vague intellectuellement servant souvent de référent à la gauche moderne (François Furet, Alain Minc, Pierre Rosanvallon, Alain Touraine...) ait constaté que la République avait fait fleurir des corporatismes plus ou moins efficaces ou que la tendance au nivellement culturel serait allé au-delà du raisonnable, ne justifie en aucune manière la légitimation que cette gauche dite moderne donne au libéralisme le plus incontrôlé comme aux particularismes les plus archaïques.

Une analyse facile conduirait à critiquer la gauche pour son opportunisme, tant il est vrai que son attitude au pouvoir est plus déterminée par les contraintes des échéances électorales que par la volonté d'affirmer des valeurs ; comment expliquer autrement les systèmes d'alliances noués dans le cadre de l'échéance présidentielle ? Mais une telle analyse fait l'impasse sur les contraintes internationales qui pèsent sur notre société, sur les profondes mutations sociales que cette dernière a vécue, et tout particulièrement sur les mutations de la classe dirigeante.

L'histoire finit toujours par nous rattraper. Après avoir été un des grands acteurs de la période Mitterrand, Lionel Jospin semblait avoir compris ce besoin de situer à nouveau l'action politique dans le temps. Sa déclaration sur le « droit d'inventaire » était une façon de positionner et la gauche et le peuple dans le cours de l'histoire. Las ! Il y a loin de la coupe aux lèvres et l'inventaire semble, pour autant qu'on le comprenne, s'être résumé à demander aux responsables politiques des comportements plus moraux, des attitudes plus modestes, parfois à la limite du misérabilisme, Lionel Jospin se posant, en quelque sorte, en ascète de l'image vertueuse. La vision de l'histoire se résumait à un discours d'ordre moral.

Il ne suffit pas aujourd'hui de clamer de façon incantatoire « République, République » pour que les contradictions se clarifient ; il faut en redéfinir le sens pour un corps social dominé par le fatalisme ambiant.

Combattre le fatalisme et retrouver le sens de la raison, affirmer une conception nouvelle des rapports économiques et sociaux, redonner la parole aux citoyens, construire sur ces bases un espace européen, telles sont les caractéristiques d'un vrai projet républicain. Que chacun aujourd'hui, de l'extrême droite à l'extrême gauche, s'affirme comme étant républicain, n'a pas de quoi impressionner. L'utilisation du vocabulaire républicain par les « *casseurs de la République* », comme les appelait Christian Jelen, complique la perception des enjeux ; elle ne les change pas.

Une véritable refondation de la démocratie nécessite de sortir des concepts que nous impose le discours dominant. Cet ouvrage se veut une première étape dans le dépassement de cette rupture épistémologique. Il est une réflexion politique, civique au sens profond du terme, menée au nom d'une conception de la liberté humaine fondée sur l'autonomie, la responsabilité, la raison, la solidarité et l'esprit critique. Il cherchera à montrer comment l'idéal démocratique a déserté les imaginaires des responsables (politiques et autres) comme celui d'une large partie de la population pour cheminer, d'abandon en abandon, vers une sorte de totalitarisme tranquille. Il s'articulera, notamment, sur une réflexion sur les pratiques démocratiques, le rapport légitimité-efficacité, et la question du pouvoir. Sous peine de faire perdre tout sens à l'aventure humaine en la réduisant à un joyeux passe-temps, revivifier l'idéal démocratique, au-delà de la mode du mot, constitue un objectif majeur de tous les progressistes.

1. Le crépuscule de la démocratie

Chaque époque porte les traces de ses plaies. Le fatalisme béat restera vraisemblablement la plus marquante de cette fin de siècle. Cette fatalité que les philosophes des Lumières ont combattu avec énergie au nom de la liberté humaine, cette fatalité dénoncée avec force par Victor Hugo dans sa préface aux *Misérables,* combattue par les socialistes tout au long du 19e siècle, cette fatalité a été pernicieusement réintroduite et légitimée à la fin du 20e siècle par les penseurs du nouvel ordre mondial.

Après la chute du système soviétique, un espoir aussi légitime que confus en l'avènement de lendemains qui chantent s'est rapidement dissous dans le brouillard d'un pathos libéral.

Ce serait un régal trop commode que de ressortir maintenant le bêtisier des déclarations proférées, il y a quelques années, sur le nouvel ordre mondial, sur la fin des contraintes obscurantistes qui pesaient autrefois sur le monde, sur le triomphe de la démocratie, sur la fin de l'histoire... déclarations alors tenues par nos leaders et non des moindres, nombre d'entre eux exerçant encore aujourd'hui leur si utile magistère. Mais, après tout, chaque époque de grands bouleversements a vu ce type d'attitudes contemplatives, ce genre de hérauts emphatiques et a également donné lieu à de grands élans de naïveté – ou d'opportunisme faussement naïf. Il en fut ainsi, en particulier, lors de la chute de tous les grands empires, surtout lorsque leurs heureux adversaires, devenus maîtres du jeu, organisaient la propagande nécessaire. Ainsi les présidents successifs des États-Unis nous ont-ils ressorti le refrain de la liberté en marche sous les ailes des avions de combat qu'ils envoyaient voler au dessus des zones qu'ils jugeaient stratégiques.

Mais plus inquiétant pour la démocratie est la disparition apparente de la réflexion sur les questions fondamentales, l'acceptation sans débats de postulats sur des problèmes de société essentiels, l'affaiblissement concomitant de l'esprit critique, le retour à une forme dogmatique, quasi religieuse de la pensée politique. Tout concourt à cela. La pression idéologique et intellectuelle de la classe dirigeante est d'autant plus forte que, dans la société libérale que nous connaissons, les décideurs sont aussi, et de plus en plus souvent, les commentateurs. Les affrontements de pensée, si bénéfiques dans une démocratie vivante, deviennent ainsi accessoires.

Pensée unique ? Certes ; mais évolutive. La pensée n'est unique qu'à un moment déterminé : elle se modifie dans le temps en fonction des intérêts d'une classe dirigeante nouvelle qui s'est construite en occupant tout l'ensemble économique, idéologique, politique et médiatique. Ainsi le discours sur la monnaie forte qui dominait le débat politique et économique il y a une décennie laisse-t-il place, parfois, à une antienne sur la réforme du système monétaire international et sur le besoin d'une relance douce et équilibrée, à faire par les mêmes acteurs évidemment. Ainsi, le discours politique en France est-il marqué, depuis quelques années, par des appels aux valeurs républicaines, revendiquées d'autant plus fortement par ceux-là même qui les combattent quotidiennement dans la pratique.

En fait, ce qui domine, ce sont les attitudes conformistes ; chaque ambition tente, en les cultivant, d'être reconnue par les vrais décideurs comme faisant partie du club. Mais être conforme demande beaucoup de souplesse, beaucoup de capacité d'adaptation : il ne faut pas avoir raison trop tôt, ni penser trop longtemps. Il faut, de façon permanente, se situer dans la ligne qui légitime le mieux les intérêts dominants au moment où on s'exprime. Le bonheur et la réussite sociale sont à ce prix !

Le comportement des faiseurs d'opinion pendant la guerre du Kosovo fut particulièrement révélateur ; il n'y eut aucun débat sérieux, organisé ou simplement constitutionnel ; comme au temps des croisades, il était admis que nous nous battions pour le droit et la justice, sans autre analyse et sans autre approfondissement sur les contradictions et les buts très divers de cette guerre ; toute contestation ou même toute analyse nuancée était hérétique, donc archaïque, inhumaine et immorale.

Si le Vatican a cru nécessaire de condamner les pratiques de l'Inquisition cinq siècles après, c'est d'abord parce que le conformisme de pensée n'en a plus besoin. Galilée, de nos jours, ne serait plus condamné, ni même jugé ; on n'en parlerait pas, c'est tout. Comment pourrait-il en être autrement ? Le commentaire l'emporte en fait sur l'analyse objective. Le vocabulaire ne fait que s'adapter à ce hiatus grandissant : ainsi, dans les discours officiels ou médiatiques, l'accroissement des emplois temporaires est-il devenu «*un signe de développement économique et de recul du chômage*» ; ainsi, l'acceptation par les responsables européens des contraintes édictées par la pensée libérale monétariste devient-elle un «*pacte de stabilité*» ; ainsi la remise en cause de la laïcité devient-elle l'émergence de «*la laïcité plurielle*» ; ainsi les filières du système éducatif organisées pour les élèves en situation d'échec sont-elles baptisées «*parcours de réussite*» ; ainsi la critique de la valeur républicaine d'Égalité devient-elle recherche d'«*équité sociale*». Et, bien sûr, tout refus d'accepter les vérités ainsi établies ne peut-il être assimilé qu'à une attitude de marginalité qui ne mérite même pas réponse !

La magie de « l'objectivité »

La portée de la victoire idéologique du libéralisme a été largement sous-estimée dans ce qu'elle a de destructeur de la démocratie. Non pas que le libéralisme soit, en lui-même, une pensée liberticide. Il correspond au contraire à une conception de la liberté, qui trouve sa source dans la lutte contre l'absolutisme au 18e siècle. Mais parce qu'il triomphe en se niant comme idéologie, paré du voile de l'objectivité.

La liberté au sens du libéralisme politique s'attache à l'individu plutôt qu'au citoyen, à la société civile plutôt qu'à l'État, au contrat plutôt qu'à la loi, aux droits plutôt qu'aux devoirs, à l'expression de qualités personnelles plutôt qu'aux vertus civiques. On ne peut nier qu'il constitue une tradition démocratique. Tradition que l'on est en droit de critiquer et de trouver insuffisante. La notion d'État de droit, typiquement libérale, permet de saisir les contours de ce débat.

L'État de droit est devenu au fil des années l'étalon de mesure de la démocratie à travers le monde. Les organismes internationaux (Nations unies, Union européenne, Banque mondiale...) y ont notamment recours pour apprécier l'avancée des transitions politiques à l'Est ou en Afrique et octroyer leurs aides au titre de la « conditionnalité ». Elle recouvre un certain nombre de critères précis : équité des élections, protection des droits humains, indépendance de la justice, économie de marché « en état de fonctionner »... Une fois ces critères satisfaits, ou à peu près, le pays concerné entre dans le club très sélect mais de plus en plus couru des « démocraties modernes ».

Pourtant cette notion, à laquelle on assimile de plus en plus la notion même de démocratie, est loin d'être neutre : elle constitue, en quelque sorte, le kit de montage de la démocratie libérale. La montée en puissance de la notion d'État de droit, à partir des années 80, est le corollaire de la victoire idéologique de la philosophie libérale, dont la branche politique s'est épanouie dans l'espace ouvert par sa branche économique. L'État de droit correspond en effet à une vision des rapports du droit et de la politique, ainsi que des relations entre l'État et la société. Il traduit une méfiance vis-à-vis de l'État, considéré comme potentiellement oppresseur. L'accumulation des droits et la multiplication des procédures (voies de recours, institutions judiciaires) sont destinées à garantir l'individu contre les excès du pouvoir. Née avec la lutte contre l'absolutisme au 18e siècle, la notion d'État de droit permet de prémunir la société contre les concentrations et les excès du pouvoir.

Dans cette perspective, l'État ne saurait avoir d'autre rôle que celui de garantir la viabilité de l'espace commun, en assurant en particulier les fonctions de police et de défense. L'État de droit s'oppose à la conception d'un État qui soit autre chose qu'un arbitre. Si la protection des libertés publiques implique que les instruments juridiques et de « contrainte légitime » de l'État sont encadrés, limités, en particulier par le principe de séparation des pouvoirs, *a fortiori* ses moyens d'action dans le domaine social et économique doivent-ils être réduits, voire annihilés.

Fondamentalement, l'État de droit signifie la soumission du politique au droit. Le politique est le terrain privilégié de l'arbitraire et des tentations totalitaires. Le droit permet de fixer des règles du jeu. Si cette préoccupation est évidemment légitime, elle a des conséquences très importantes. En premier lieu, elle introduit un conflit de légitimité entre les représentants du peuple et l'institution judiciaire. Elle a, par exemple, abouti au contrôle de constitutionnalité qui permet à des juges de remettre en cause une loi décidée par les représentants du peuple. Des magistrats non élus sanctionnent des élus. L'affaire Pinochet, au début, a illustré ce conflit de légitimité en remettant en cause l'accord passé par la classe politique chilienne sur le sort de l'ancien dictateur.

En deuxième lieu, l'État de droit accrédite une vision procédurale de la démocratie sans tenir compte des conditions concrètes dans lesquelles elle s'exerce. Il s'agit d'une vision procédurale de la démocratie qui la réduit à une ossature institutionnelle et à la reconnaissance de droits. La référence à l'économie de marché rappelle que la liberté n'a rien à voir avec la justice sociale ou la répartition des biens. Elle est essentiellement affaire de mécanismes juridiques. Ce faisant, l'État de droit éloigne de toute réflexion sur une démocratie « réelle » ou « sociale » et laisse l'espace civique en friche. Le citoyen, le lien social, sont laissés à l'auto-organisation de la société civile, dans des pays, qui le plus souvent n'ont pas de tradition politique ou de culture démocratique. L'État de droit permet donc d'avoir à la fois la transition démocratique et la plus grande sauvagerie financière et sociale, comme les pays de l'Est de l'Europe, Russie et Pologne en tête, en fournissent l'exemple.

En troisième lieu, l'État de droit participe d'une mythologie juridique qui sacralise la règle de droit. Celle ci serait la traduction d'une certaine objectivité, traduisant des valeurs morales considérées comme incontestables. Or, la règle de droit n'est que l'expression des choix de la collectivité à un moment de son histoire. L'État de droit tend à substituer une légitimité presque magique à une légitimité démocratique. En effet, la règle de droit n'est légitime que dans la mesure où elle est adoptée par des représentants du peuple ou le peuple lui-même après un véritable débat permettant sa contestation et sa mise en perspective.

Enfin, l'État de droit jette le discrédit sur la puissance publique. La méfiance vis-à-vis de l'État rejaillit sur elle. D'où les discours actuels sur la société civile qui doit renouveler la démocratie. Cependant, le vocable de société civile est flou. En France, on l'assimile à citoyenneté avec l'idée du civisme, de la participation de tous à la chose publique. Dans le monde anglo-saxon, elle se réfère à l'auto-organisation des populations dans le champ caritatif ou sur des questions ponctuelles par la création de groupes de pression.

La méconnaissance idéologique de l'idéologie ou la mort de la pensée

Dans le langage courant, l'idéologie désigne une pensée construite donnant une explication du monde. L'affirmation d'une fin des idéologies s'adresse alors particulièrement aux formes de pensée qui se sont affirmées en tant que doctrines : le nazisme et le communisme. Ainsi, le libéralisme triomphant s'exclut du champ de l'idéologie. C'est-à-dire que le système politique et social des pays occidentaux se nie comme lié à un discours et s'affirme sous l'apparence de l'objectivité et de la scientificité. D'où les revendications permanentes de pragmatisme et de réalisme.

La « magie de l'objectivité » (Claude Lefort) que crée la science permet alors de tout dire sans qu'à aucun moment la question de l'origine et de la légitimité du social ne soit posée. D'où la violence des réactions contre ceux qui contestent la légitimité de l'ordre social. On somme certains d'arrêter de faire de la politique ou de se retirer du monde («adieu Régis»); on procède à des amalgames; on suggère à d'autres de faire une psychanalyse. Ainsi, parle-t-on du «cas Bourdieu». De même interroge-t-on un psychanalyste pour expliquer la démission de Jean-Pierre Chevènement du gouvernement[1]. En gros, il faut se faire soigner: «Mais enfin, monsieur, il faut vous débarrasser de cette idée absurde de vouloir changer la société: soyez raisonnable.»

La négation de l'histoire est le corollaire obligé de celle de l'idéologie dans la mesure où, la société occidentale correspondant à une lecture impartiale du réel, l'idée de progrès inhérente à celle d'un mouvement de l'histoire n'a aucun sens. Elle ne peut qu'être une contestation de l'ordre établi. Cette interrogation sur les fondements de l'ordre social est bien ce que veut interdire l'idée de la fin de l'histoire et des idéologies. C'est pourquoi on affirme, quel que soit le problème qui se pose, que la société est globalement bien organisée, que toute question peut être réglée dans les limites qu'elle a définies. Il ne saurait y avoir de solution «ailleurs». C'est pourquoi la question de l'utopie est aujourd'hui décriée ou folklorisée.

Nier l'existence de l'idéologie et celle de l'histoire est une manière de légitimer l'ordre établi. Cette double négation constitue une des manifestations contemporaines de l'idéologie une «*méconnaissance idéologique de l'idéologie*», selon Claude Lefort. Une société ne peut exister qu'à la condition de se forger la représentation de son unité. Elle sécrète alors naturellement un discours destiné à occulter la division sociale (la nature des rapports sociaux) ou, du moins, à en forger une représentation qui la justifie. Le discours sur l'exclusion est à cet égard symptomatique. Il est destiné à remplacer l'analyse de classes et à nier le rapport dominants/dominés. Il suggère une sorte de fatalité sociale. Cette fatalité que 200 ans de mouvement social avaient réussi à éradiquer. L'exclusion déresponsabilise le corps social. Personne n'est responsable; c'est la faute à *pas d'chance*. Le système économique a en quelque sorte son quota de perte, comme l'armée. Il ne saurait y avoir de place pour tout le monde. Cela dit, si on est de gauche, on aidera les « exclus » de quelques subsides. Dans ce contexte, la représentation de la souffrance sociale n'est plus un problème politique ou collectif, c'est une aventure individuelle. Le refus de cette privatisation de la souffrance sociale est stigmatisé et tous ceux qui refusent de se prêter au jeu de société obligé sont présentés comme fous ou dangereux par une société qui a perdu de vue la violence de l'ordre social qu'elle a instauré. « Salauds de pauvres ! » semble-t-elle dire. Ils votent mal, ils nous font régresser au temps de la haine, ils pourrissent l'ambiance. Comme si ce monde n'était pas en lui-même agressif et violent.

Toute société naît avec une division interne: celle du rapport d'autorité nécessaire pour organiser la vie commune, celles des activités (économiques et sociales). Pour Hegel, cette division est aussi une contradiction qui permet aux groupes humains d'évoluer. L'histoire est en effet le dépassement progressif de la contradiction de l'universel et du particulier, de la division du corps social entre la « richesse » et la « plèbe ». Cette division que Marx ramène à celle du processus de production. L'idéologie constitue alors le discours naissant avec cette division et destiné à la dissimuler pour assurer la représentation d'une homogénéité du champ social. Dans la négation actuelle de l'idéologie et de l'histoire, il y a ainsi quelque chose de typiquement idéologique:

nier le rapport dominants / dominés, refuser l'histoire comme manifestation du désir des hommes d'améliorer constamment leur sort. D'où les remises en cause de plus en plus fréquentes, dans les sciences politiques comme dans la presse, de la notion de progrès.

Sur le terrain plus politique, la vanité d'un refus des idéologies apparaît quand on constate à quel point les valeurs de la démocratie libérale ont triomphé, qui plus est avec l'apparence de l'objectivité. Dans le domaine économique, il n'existe plus aucune contestation des grands principes de l'économie de marché, même limitée; dans le domaine institutionnel, la remise en cause progressive de l'idéal républicain traduit la progression des valeurs de la démocratie anglo-saxonne.

La négation de l'histoire et des idéologies permet de maintenir le débat dans le cadre défini par la société elle-même, en niant ce qui la remet en cause ou simplement l'interroge. La science, le discours du savoir qui, par définition se rapporte à la description du moment présent, prend alors le relais de la spéculation et de la critique philosophiques. D'où, d'une part, la disparition du politique, qui n'est que le syndic de faillite du capitalisme: c'est lui qui gère le quota de perte. Mais il n'a plus de fonction analytique, prospective et constructive du réel. Le constructivisme politique est enterré au profit de la main invisible du marché qui fait le tri entre les bons et les méchants, les inclus et les exclus. D'où, d'autre part, la négation de l'histoire et des idéologies qui abandonne l'homme à l'angoisse insoluble des interrogations insatisfaites sur le monde. D'où le culte de l'émotion dont le saut à l'élastique du haut des ponts ou les *talks shows.* D'où aussi les replis identitaires ou sectaires, la glorification de l'amitié que représente bien le succès de la série télévisée *Friends*. En effet, la négation aboutit logiquement à une culture du « présent », de l'instant qui, le futur ayant disparu reste le seul domaine d'investigation.

Le débat d'idées est mort pendu

La démocratie a besoin de citoyens éclairés qui participent activement à la vie civique. A cet égard, la qualité du débat d'idées est fondamentale pour permettre la décision.

La République a toujours accordé beaucoup d'importance à ce choc des idées et les intellectuels ont occupé dans la société française une place privilégiée. L'affrontement des idées politiques participe d'une citoyenneté active.

L'échec apparent des grandes utopies du 19e siècle et la victoire de celles du 18e siècle (le libéralisme) entraînent un regain d'intérêt pour l'empirisme (le fameux cas par cas). Les idéologies, les pensées globales sont discréditées dans l'esprit public, et certains intellectuels qui règlent leurs comptes avec le marxisme les jugent « pré-totalitaires ».

Ce refus affiché de toute idéologie rend opaque le débat d'idées et contribue à sa fadeur. Il le dévalorise comme moyen qu'a le citoyen de forger son jugement et d'exercer sa souveraineté. Il renforce la perte de sens qui délite les sociétés actuelles et notamment la République qui a besoin du souffle des grands projets.

Dans les pays anglo-saxons, le consensus fondateur réduit la portée politique et philosophique du débat d'idées et des idéologies. Il s'agit de se mettre d'accord, d'aplanir les différences. En République au contraire, il s'agit de clarifier les problématiques, de faire apparaître les différences. Le but n'est pas d'arrondir les angles mais de poser les questions, de mettre en valeur les différentes options qui se présentent.

Sans doute le premier ministre français Lionel Jospin, en inventant le concept de majorité plurielle avait-il, avant tout, besoin de présenter comme mineures les nuances au sein de sa majorité, comme majeures les différences avec l'opposition ; attitude intellectuellement discutable, mais politiquement compréhensible puisque, dans la réalité, bien peu de nuances séparent aujourd'hui les discours de la majorité et de l'opposition. Ni sur les privatisations, ni sur la logique de la solidarité nationale et, en particulier, sur les fonds de pension que l'actuel premier ministre avait condamnés pendant sa campagne électorale, ni sur la logique de la construction européenne, ni sur les grandes tensions internationales, rien d'essentiel ne sépare les deux camps qui, apparemment, s'opposent.

Bien sur, des nuances existent entre les divers porte-paroles des intérêts dominants ; mais, de même que les critères de réussite économique, à savoir le développement de l'industrialisation, étaient autrefois uniformes dans l'ensemble du monde, aussi bien capitaliste que communiste, autant aujourd'hui les critères de succès sont les mêmes partout. Sur les questions fondamentales, le fatalisme quant à la domination de notre société par les intérêts financiers dits multinationaux est partagé par les principales forces politiques. En fait, la classe politique « correcte », de droite comme de gauche, se situe dans une conformité plurielle. Disons, plus précisément, que ce qui unit les camps politiques est plus fort que ce qui les sépare. Certains y voient un grand progrès historique, oubliant que cette unité n'est que le reflet des intérêts communs qui s'expriment et qui laissent une majorité citoyenne sur le bord du chemin.

Certes, des affrontements se font jour, tout particulièrement sur ce qu'on appelle curieusement les problèmes de société, comme si tout problème politique ne mettait pas en cause la société. Les questions « de société » permettent de mobiliser alors que la pratique courante de la politique démobilise. Le jeu de la conformité plurielle est un jeu difficile car il faut bien faire croire à l'électorat qu'il est l'arbitre des enjeux.

Un vrai renouveau politique imposerait de clarifier les enjeux, de s'entendre sur les mots, d'interpréter correctement les chiffres. Au contraire, la société actuelle gomme les difficultés et nie les affrontements. En fait, il y a peu de débat et, surtout, pas d'éthique du débat.

Quand le poids des apparences remplace le choc des idées.

Pourtant, parce qu'elle est au cœur de la pratique démocratique, la construction d'un véritable débat public avait longtemps été une préoccupation majeure des démocrates. Les questions relatives à l'accès à une tribune, aux temps de parole, aux droits de réponse, notamment, avaient été considérées comme essentielles. Et le règlement des assemblées fixe un certain nombre de règles. Aux États-Unis, par exemple, il est interdit lors de certains débat, d'interrompre le sénateur qui a la parole et celui-ci pourrait la conserver pendant des heures. La sérénité des débats constitue aussi une question cruciale. En souvenir de la période révolutionnaire où les députés ont parfois été contraints de prendre des décisions sous la pression des sections populaires, installées dans les gradins réservés au public ou regroupées à l'extérieur de l'enceinte, le public invité à assister aux séances ordinaires de l'Assemblée au Palais-Bourbon se doit de rester silencieux, de ne pas se manifester. A cet égard, il est assez surprenant que la préfecture de police de Paris ait autorisé une manifestation publique le jour du référendum sur le mandat présidentiel: la sérénité de l'électeur se préparant à aller voter (ou à ne pas y aller) en est immanquablement troublée.

De nos jours, cette réflexion sur l'organisation optimale des échanges d'idées est parasitée par l'affrontement des apparences et vidée de sens par le consensus idéologique.

La télévision, en effet, est venue perturber les conditions du débat public: «*Les images des médias audiovisuels de masse sont des machines ressassantes où s'épanouissent et triomphent, superbes et bêtes, les stéréotypes*»[2]. L'image des débatteurs est devenue l'élément principal d'impact de leurs propos. Au-delà du cas célèbre de l'affrontement Kennedy-Nixon en 1960, les débats télévisés entre Valéry Giscard d'Estaing et François Mitterrand ont été réglés au détail près par les conseillers des deux hommes: un juriste (Robert Badinter) et un cinéaste (Serge Moati) pour François Mitterrand. Serge Moati raconte que la caméra filmant chacun des candidats était entre les mains d'un technicien de son camp.

Il est tout à fait sain que les autorités françaises aient interdit la publicité politique télévisée. Cette technique de communication aurait sans doute précipité le débat public, déjà mal en point, dans des abîmes de médiocrité comme l'illustrent les spots américains des campagnes présidentielles. Mais cette technique de communication a surtout pour conséquence d'éliminer les candidats atypiques, ceux qui peuvent, en troublant le jeu, apporter un éventuel renouveau du débat: ainsi Ralph Nader[3] lors de l'élection présidentielle américaine à qui on reprochait de prendre des voix à un des candidats conformes alors même qu'on lui refusait les tribunes. Le débat devient absence de discussion.

La recherche de la fameuse «petite phrase» est un exercice assez logique compte tenu de la pression exercée par l'image et, surtout, compte tenu du manque de temps. Et, facteur aggravant, les journaux télévisés français sont parmi ceux qui présentent les séquences les plus courtes. Les responsables politiques vont alors chercher la phrase qui va marquer et donc être retenue par le journaliste. Ce dernier, étant préoccupé du rythme de son journal, la retiendra d'autant plus. On ne mesure jamais assez ce que la question du temps catalyse comme enjeux pour la démocratie. C'est au nom de la vitesse que l'on présente les raisonnements les plus sommaires, que l'on phagocyte les assemblées, que l'on raccourcit les débats parlementaires. Or, la démocratie est une institution qui prend du temps et il faut savoir se le donner. La rapidité n'est pas, en elle-même, une valeur démocratique. Elle l'est dans certaines circonstances particulières : catastrophes naturelles, précaution à prendre dans le domaine de la santé publique. Pour le reste, elle est forcément un argument réactionnaire.

L'ère médiatique impose une réflexion sur l'éthique du débat. Un débat se construit. Il lui faut du temps pour être clair, la télévision n'en a pas ; il faut pouvoir y développer des idées, on n'échange que des propos partiels et hachés qui deviennent des caricatures... Les grands choix du temps nous ramènent à ce problème essentiel. Par exemple, beaucoup, partisans du oui ou du non, ont regretté que le débat sur le traité d'Union européenne ait été tronqué par la télévision alors que des livres et des articles de presse relataient bien la question. Ce constat, familier des citoyens, est aggravé par le manque de culture croissant des journalistes des grands médias, qui, non seulement, confondent Flaubert et Balzac (ce qui n'est pas forcément grave, mais traduit un niveau), mais, surtout, se font aisément « balader » par les vieux routards de la politiques auxquels ils n'osent pas poser de questions gênantes : les entretiens télévisés du chef de l'État, en France, sont d'une mièvrerie presque soviétique. Ce manque de culture explique sans doute aussi, en partie, le phénomène des « nouveaux chiens de garde », décrit par Serge Halimi.

Le succès de la télévision sur les autres moyens de communication fait craindre une dualisation culturelle qui fait écho aux préoccupations républicaines de Condorcet : « *Si, à mesure que les classes supérieures s'éclaireront, les autres restent dans l'ignorance et dans la stupidité, il en résultera un partage dans chaque nation, il y existera un peuple maître et un peuple esclave...* » La dégradation des programmes télévisés, souvent déplorée, traduit aussi le refus de tout ou partie de la classe dirigeante de jouer un rôle de « leader d'opinion » éclairé que remplissaient les élites depuis la période des Lumières[4].

Quand la personnalité remplace la personne

La personnalisation des débats caractérise évidemment l'affadissement du débat public. Elle est en grande partie la conséquence de la disparition du clivage droite / gauche qui rend marginales les différences entre les compétiteurs. Elle est ainsi le produit du consensus idéologique tant vanté dans les années 80 comme un progrès de la démocratie. La disparition des « vous dites n'importe quoi », « et vous, vous êtes un imposteur », qui faisaient les beaux jours des débats politiques il y a une vingtaine d'années, est peut-être un progrès, mais la disparition de la confrontation de philosophies et de pensées politiques différentes constitue en revanche un drame pour la démocratie ; d'autant plus qu'il ne traduit pas une « fin de l'histoire » que la convergence des points de vue exprimerait, mais la constitution d'une nouvelle classe dominante, hégémonique, qui voit, sur les mêmes positions de classe, aurait-on dit il y a quelques années, des syndicalistes, des hauts-fonctionnaires, des grands industriels et des boursicoteurs ; le Programme des Nations unies pour le développement (PNUD) avait ainsi constaté qu'« *à l'échelle mondiale, moins de 10 % des individus participent à des institutions politiques, économiques, sociales ou culturelles qui façonnent leur destin* »[5].

La personnalisation des débats, très prononcée dans les pays anglo-saxons est elle aussi le résultat du consensus, beaucoup plus ancien dans ses pays, dans la mesure où il traduisait la victoire de la philosophie libérale au 18e siècle. Mais il est aussi la conséquence de l'absence de laïcité, en tant que séparation de la sphère privée et de la sphère publique. Il est ainsi évident pour un Américain que le président de la République doit aussi incarner les valeurs morales de la Nation, jusque dans sa vie familiale et intime, comme l'a révélé l'absurde affaire Clinton-Lewinski. Et rappelons qu'au Royaume-Uni, la Reine est aussi chef de l'Église. C'est l'une des raisons qui a conduit le roi Edward 7 à abdiquer pour épouser Wallis Simpson, divorcée.

Quand le véritable archaïsme français accentue le déclin du politique

En France, la personnalisation des débats est renforcé par les institutions de la 5e République. La caractéristique du responsable politique moderne, déjà plus tributaire des sondages que du contrôle par les citoyens, est justement de n'être responsable de ses actes devant personne ; il peut se tromper, il peut être coupable, cela n'a aucune conséquence. Il est loin le temps où le président Jules Grévy démissionnait de son poste parce que son gendre faisait, à son insu, du trafic de décorations ! L'époque que nous vivons est, quant à elle, plutôt caractérisée par l'affaire Roland Dumas, tant il est vrai qu'au vu du soupçon qui s'était développé contre celui-ci, alors président du Conseil constitutionnel, il n'aurait plus été question, dans un système authentiquement républicain, de présomption d'innocence, mais de vertu publique.

L'art de la démission se perd. Au mieux, l'homme politique, confronté à ses erreurs, fait repentance avec des sanglots dans la voix, ce qui lui vaudra quelques commentaires élogieux quant à son courage de la part de thuriféraires patentés. Pour l'essentiel, il se cramponne à ses fonctions même si son attitude les discrédite. Sur le plan politique, il avale toutes les couleuvres au risque de déboussoler son électorat et de faire perdre tout sens au débat d'idées. Ainsi, les ministres verts face à la crise des prix du pétrole; ainsi Jacques Chirac qui n'a rien à dire, sauf des banalités ambigües, sur les réformes prévues par le gouvernement Jospin sur la Corse à l'automne 2000. Et ceux qui démissionnent par conviction sont soupçonnés d'avoir perdu la raison (Jean-Pierre Chevènement et Philippe Séguin).

L'œil fixé sur sa carrière, l'homme politique ne cherche plus à affirmer, mais à ne pas troubler, à l'extrême à se faire oublier. Bien sûr, cela n'est pas nouveau et les attitudes du type de celles des barons d'Écosse au 14e siècle face à Wallace ont toujours existé; lors de l'affaire Dreyfus, Jean Jaurès ne confiait-il pas à Lucien Herr: «*Ce ne sont pas mes ennemis qui me fatiguent; ce sont mes amis. Ils ont tous peur de ne pas être réélus; ils s'accrochent aux pans de mon manteau pour m'empêcher de monter à la tribune.*»

La nouveauté est la généralisation de cette attitude, le fait qu'il n'y a plus d'espace critique ni de contre-pouvoir. L'œil fixé sur la ligne bleue des sondages et des cotes de popularité, le leader politique ne se préoccupe plus de l'avenir, des enjeux à long terme, mais seulement des coups à court terme ; ce faisant, il y entraîne tout son environnement qu'il sanctionnerait en cas de dérapage. Mais, dans le monde moderne, et tout spécialement dans le cadre des systèmes qui oublient la souveraineté populaire, qui se présidentialisent, l'homme politique raisonne plus en fonctionnaire qu'en élu ; il voit plus son assujettissement à ses chefs que ses obligations envers le peuple. En ce sens, la 5e République a accentué, en France, la disparition du sens de la responsabilité.

Le naufrage de la raison

La Raison est, dans ce cadre, la grande victime de la période. Faire accepter la pensée conforme avant tout débat n'est que la négation *a priori* du débat citoyen. On n'analyse plus, on assène, on accepte. Où est-il passé, le tribunal de la Raison cher à Helvétius ? Extraordinaire paradoxe, le mot même de « raison » est utilisé pour la combattre. De quoi parle, en effet, Alain Minc lorsqu'il évoque le « *cercle de la raison* », sinon de la mort de la Raison ? Entendez, en effet, par là : ceux qui pensent comme moi ont droit à la parole, les autres non. On aura compris que cette théorie s'applique essentiellement à l'économie et c'est dans cette logique qu'on a pu entendre, en 1991, un ancien ministre socialiste expliquer que le budget n'était plus un objet de débat démocratique. Qu'est ce qui l'est alors ?

La liberté de l'esprit fut une des principales conquêtes du 18e siècle. Être citoyen, c'est avant toute chose, vouloir exercer cette liberté alors que le discours dominant nous présente comme seule liberté le droit d'être conforme. La Raison est, en effet, d'après Descartes, le doute avant toute chose. L'attitude qui consiste à présenter des vérités comme étant non discutables s'apparente plus au totalitarisme de la pensée qu'à une recherche rationnelle.

Le 8 novembre 1994, Alain Minc fut interrogé à *L'Heure de vérité* sur le rapport de la Commission du Plan qu'il avait présidée et sur son rapport *La France de l'an 2000* ; étonné que le présentateur, François-Henri de Virieu, puisse trouver cette Commission très uniformément énarque, il répondit que, «*lorsqu'on veut interdire aux élites de s'exprimer, on risque de verser dans le populisme*» ; et de réaffirmer, dans *Le Nouvel Observateur* du 10 novembre que sa Commission «*comprenait toutes les composantes de l'élite française*».

La fameuse élite nous asséna quelques fausses vérités, qu'elle ne vérifia évidemment pas ; comme le remarque Jean-Jacques Dupeyroux dans le journal *Libération* du 17 janvier 1995, elle s'inquiéta du nombre considérable d'étudiants en psychologie, soit 350 000, supérieur au nombre de psychologues en activité ; mais, en vérité, ce chiffre n'était que de 50 000. Se pose alors la question, autrefois évoquée par Julien Benda puis, dans son article, par Jean-Jacques Dupeyroux, de la «*trahison des clercs*». Il ne suffit pas de s'intituler soi-même «élite» ; encore faut-il en avoir les qualités et, en particulier, l'éthique. Lorsqu'une élite est rejetée par le peuple, il ne suffit pas de crier au populisme ; il faut aussi se demander si le peuple n'a pas quelques raisons ; ce qui est le cas lorsque le rôle de ladite élite est essentiellement de justifier ce qui existe et, en particulier, les injustices.

Cette remise en cause de la Raison a curieusement cherché sa justification dans le drame qu'a vécu l'Europe sous la domination nazie. En bref, nous disent certains des philosophes modernes, lorsqu'une société aussi civilisée, cultivée, que la société allemande a pu générer un pareil monstre, comment ne pas rejeter les présupposés qu'elle véhiculait, à savoir sa philosophie et son éducation en particulier ? Mais ces penseurs oublient, ou feignent d'oublier, que l'idéologie nazie trouvait précisément ses racines dans le refus de la Raison et des Lumières. C'est à ceux là que répond Eric J. Hobsbawm[6] lorsqu'il déclare : « *La deuxième guerre mondiale se comprend mieux comme une guerre civile idéologique à l'échelle internationale plutôt qu'à travers l'affrontement des États. Les lignes cruciales, dans cette guerre civile,* [...] *passaient entre, d'un côté, les descendants des Lumières et des grandes révolutions, de l'autre leurs adversaires.* »

D'autres penseurs nous expliquent que la Raison serait d'autant plus dangereuse qu'elle occulterait d'autres modes d'appréhension du réel comme la sensibilité ; au-delà de l'aspect critiquable de cette présentation de la Raison au regard de la philosophie politique, on remarque que cette argumentation a pour conséquence de légitimer la déshumanisation des sociétés qui résulte de l'abandon de la Raison.

Plus subtilement, certains penseurs, insistant sur la complexité, poussent au laisser aller : « *Puisque c'est si compliqué, constatons et essayons d'arbitrer.* » On se prend à penser, même si l'analogie n'a pas grand sens, qu'avant Newton, les relations entre objets étaient considérées comme insurmontablement complexes ! La science, devenue objet de l'ordre politique, perd évidemment de son sens et surtout de sa force dans toute analyse du progrès.

Les erreurs et les échecs de la science (bombe atomique, incapacité à traiter certaines maladies, prolongement du marasme économique...) ont en effet semé le doute sur les facultés de la Raison à organiser le devenir des hommes. Se greffe sur ce malaise un procès en sorcellerie contre la Raison et le retour à d'autres modes d'appréhension du réel. L'irrationnel resurgit dans la société avec son cortège d'astrologues qui conseillent chefs d'États et d'entreprises, de prêtres intégristes (de quelque religion qu'ils soient).

Le procès fait à la Modernité prend ici sa forme sociale et politique la plus préoccupante. Sous couvert de critiquer la technoscience, toute valeur de rationalité est contestée comme attentatoire à la liberté de penser.

La Raison permet de saisir sainement le réel et véhicule les valeurs philosophiques des Lumières. Condorcet assimilait les progrès de la Raison humaine au développement de la liberté et du bonheur. Aujourd'hui, ou bien c'est une Raison sans morale qui est revendiquée (exemple: les protestations des milieux scientifiques au sujet de la loi sur les manipulations génétiques, c'est-à-dire faire les choses simplement parce qu'elles sont faisables et non pas forcément souhaitables), ou bien c'est la Raison elle-même qu'on abandonne, c'est la confiance dans ses capacité qu'on met en doute.

Les élites et les responsables politiques, en invoquant de plus en plus la difficulté à comprendre le monde tel qu'il est, conduisent à confier de plus en plus de pouvoir aux experts ou à la «main invisible du marché» qui est en soit un irrationnel. D'autre part, ils aboutissent à refuser à la Raison toute capacité à expliquer le réel. C'est ainsi à Voltaire que les contemporains tournent le dos: «*Ce que l'homme a fait, il peut le défaire. Je place ma confiance dans l'industrie* [les capacités] *des hommes*». Ils rejettent la base de la philosophie des Lumières qui estime que chaque fait, chaque événement est sécable en catégories d'entendement appréhendables par la Raison.

Ce désengagement volontaire de la Raison masque la prise de pouvoirs par d'autres forces: celles du marché et celles des irrationnels de toutes sortes. Elle contribue au désarroi des sociétés en mal de projet et constitue une démission sans précédent de la Raison humaine face au monde qu'elle a elle-même créé.

Quand les mots perdent leur sens, la société perd son âme

L'évolution du vocabulaire, sous une apparence paisible, n'est pas un pur sacrifice à la mode ou à un quelconque respect des autres. Les mots sont, au contraire, les instruments d'un combat féroce contre toute contestation de l'ordre établi. Ainsi le discours onctueux sur le respect nécessaire de la différence des autres participe-t-il à la disparition du débat critique, de la contestation raisonnée.

Dans son roman *1984,* Orwell nous montre une société totalitaire qui impose son emprise en recréant une langue, la novlangue, inapte à exprimer les remises en cause ; ainsi le ministère de la police y est-il nommé ministère de l'amour.

De nos jours, en Iran, Salman Rushdie a été condamné pour son livre *Les versets sataniques* par un organisme dit «*de la tolérance religieuse*».

Exemples caricaturaux, dira-t-on ; pas tant que cela. Le choix des mots est plus subtil, mais non moins pervers sous nos climats.

Ainsi avait-on vu Eltsine être salué presque unanimement comme le rempart de la démocratie alors qu'il bombardait à coup de canons un parlement aussi élu que lui, et sans doute aussi sujet à critique que lui.

Bien auparavant, le président de la République français, Valéry Giscard d'Estaing avait-il rétabli sur les films à connotation sexuelle une censure largement tombée en désuétude en élaborant une loi dénommée «loi de libéralisation de la censure».

Ainsi voit-on une utilisation délirante du mot « indépendance » en fonction des seuls intérêts dominants. Ainsi nous a-t-il été donné d'entendre[7], après d'ailleurs la chute de Milosevic, que le Montenegro s'apprêterait à franchir « *un pas de plus vers son indépendance* » en mettant en œuvre la décision de rupture du lien monétaire qui l'avait soumis à la domination de Belgrade et en prenant pour monnaie le mark allemand (sic). Quelque soit l'option qu'on porte sur la situation dans les Balkans, il est difficile de qualifier d'indépendance monétaire le fait de choisir pour monnaie nationale celle d'un autre pays, quel qu'il soit.

Ainsi valorise-t-on aujourd'hui la soi-disant tolérance de tous les antilaïques au nom du respect des croyances, ainsi accepte-t-on une évolution antirationnelle de la pensée qui justifie toutes les remises en cause, tous les progrès, soit disant au nom de l'intérêt de l'humanité. L'irrationnel, le dogme, deviennent raison ; merveille du vocabulaire !

Quand les chiffres servent à obscurcir la réalité, il n'y a plus d'information, plus d'échanges

C'est de façon récente que notre société utilise aussi massivement les chiffres dans les débats et commentaires publics. L'abondance de leur utilisation face à une population peu préparée à les recevoir est, en elle-même, un élément de confusion ; l'incertitude quant à leur signification ne fait qu'ajouter au trouble ; ainsi, lorsqu'on expliquait qu'une large majorité de français est favorable au quinquennat présidentiel, cela voulait-il dire que les Français veulent, comme le souhaite Lionel Jospin, un système présidentiel et donc le renforcement du pouvoir du président ou qu'ils veulent simplement une diminution de la durée du mandat présidentiel ce qui, pour beaucoup, veut alors dire un affaiblissement du pouvoir présidentiel ?

Tout est à l'avenant: l'utilisation abusive et souvent malhonnête de concepts chiffrés sans aucune contestation est un pur dévoiement de la démocratie. Ainsi en est-il, par exemple, du taux de prélèvements obligatoires, utilisé par la droite, puis par la gauche sous l'impulsion de François Mitterrand, comme reflétant le prélèvement qui serait fait par un État prédateur sur la richesse nationale; ainsi, dans sa campagne électorale de 1986, le RPR, d'ailleurs non contredit par le Parti socialiste, avait-il affiché sur les murs: «*Lorsque vous gagnez deux francs, vous donnez un franc à l'État*». Une telle présentation est une malhonnêteté intellectuelle et une absurdité mathématique: d'abord parce qu'une partie importante des prélèvements obligatoires, destinée notamment à la Sécurité sociale, revient directement aux ménages sous forme de prestations; ensuite parce que le total des prélèvements obligatoires n'est pas une portion du produit intérieur brut (PIB); bien plus, ces deux chiffres ne peuvent être comparés puisqu'ils ne sont pas de même nature: le premier, à savoir les «prélèvements» effectués par les administrations au sens large (État, collectivités locales, Sécurité sociale...), s'apparente à un chiffre d'affaire, le second, à savoir le PIB, est une valeur ajoutée. Les responsables ont tellement pris l'habitude de croire que les chiffres étaient des instruments du jeu politique qu'ils finissent par trouver légitime d'en réglementer la fabrication: ainsi, lors du débat sur la loi antitabac, dite loi Evin, en 1989, le gouvernement avait introduit un article interdisant aux organismes statistiques compétents de calculer des indices de prix incluant le prix du tabac (cette mesure aberrante fut heureusement remise en cause quelques mois plus tard); ainsi l'Inquisition interdisait-elle autrefois d'écrire que la terre tournait... ; de nos jours, les décideurs essaient d'orienter la définition et l'utilisation de certains chiffres ou, tout au moins, d'empêcher toute contestation des commentaires qu'ils en font.

Par exemple, puisque la pensée libérale suppose que l'accroissement des salaires pèse négativement sur l'emploi, les décideurs économiques tentent d'empêcher, sur ce thème, toute étude qui pourrait prouver le contraire ; le gouvernement Balladur avait ainsi supprimé le Centre d'étude et de recherche des coûts qui produisait des commentaires en contradiction avec la pensée officielle.

Par contre, on voit se multiplier des chiffres censés représenter les bonnes performances des entreprises, satisfaisant ainsi les besoins de légitimation des chefs d'entreprise.

Le chiffre est devenu un instrument politique. Dans son principe, une telle évolution n'est pas forcément négative : il est, en effet, préférable de savoir conduire une politique en disposant des données nécessaires, en particulier en matière économique. Encore faudrait-il que cette utilisation serve à alimenter un vrai débat démocratique et non pas à justifier, légitimer, imposer des choix politiques sans contestation possible.

Nombreux ont été les spécialistes à dénoncer une utilisation partisane des chiffres, biaisée volontairement ou non, par les responsables politiques ou médiatiques. Ainsi en fut-il lors de la publication de la lettre ouverte au bureau du Conseil national de l'information statistique, élaborée par les syndicats CGT et CFDT de l'Insee, de la DPD (éducation nationale), et de l'administration centrale du ministère de l'emploi et de la solidarité en 1999. Après avoir remarqué que « *la presse attend des chiffres et des évaluations, les ministres l'alimentent en résultats qui confirment le bien fondé de leur politique* », les syndicalistes s'inquiètent du fait que «*lorsque les chiffres s'éloignent un tant soit peu des attentes, les cabinets ministériels s'efforcent d'en modifier la présentation, d'en diminuer la visibilité, d'en retarder la publication, voire de commander d'autres études et statistiques à des prestataires privés plus rapides et plus dociles*». Ils dénoncent la légèreté des responsables: «*Chacun dans son style et à des degrés divers, les ministres ont pris leurs aises avec la rigueur de leurs services statistiques. Absentéisme des profs, résultats sur les 35 heures ou les emplois jeunes, refonte des zones d'éducation prioritaire, les données produites par les services ont été, au mieux présentées de façon biaisée, au pire tronquées et manipulées.*»

Des chiffres, détachés de tous éléments de lecture et de compréhension, sont jetés en pâture à la presse et à l'opinion publique, suivant les nécessités de la communication gouvernementale. Or, le chiffre brut n'existe pas, il est toujours le résultat d'un choix, d'une procédure, d'une question posée, d'un présupposé sur la société. Comme, dans le cadre de la conformité plurielle, les forces politiques principales partagent aujourd'hui les mêmes présupposés, le seul débat porte sur la qualité des prestations politiques de chacun des camps, analysées dans les mêmes termes. Une telle logique ne peut aboutir qu'à des présentations apologétiques.

Ainsi, le chiffre concernant l'absentéisme des enseignants avait-il été lancé sans aucun souci de sa pertinence. Ainsi, le cabinet de la ministre de l'emploi, Martine Aubry, avait-il utilisé «*de manière techniquement prématurée et politiquement sélective*», les résultats d'une enquête de la Dares (direction de l'animation, de la recherche, des études et des statistiques) sur les premiers pas de la réduction du temps de travail, dans un pré-bilan publié en mai 1999. De même, le nombre des emplois jeunes est assimilé à celui des postes pour lesquels un financement a été demandé, et non à celui des embauches effectivement réalisées. En revanche, quand l'indice est gênant pour le ministre, ce dernier cherche souvent à le « décrédibiliser » – alors même qu'il émane de ses propres services –, tente de le dissimuler ou d'en reporter la publication. Par exemple, Claude Allègre avait qualifié de « *fadaises* » les données concernant l'illettrisme tandis que Ségolène Royal, ministre déléguée chargée de l'enseignement scolaire, « *tentait de dissimuler* [...] *l'abondance suspecte de zones d'éducation prioritaire dans la Nièvre* ».

Instrument soumis aux pressions politiciennes, le chiffre devient ainsi, dans notre société, non plus seulement un instrument de présentation du réel, mais un instrument d'acceptation de la pensée dominante.

Ainsi en est-il de la situation de l'emploi : peut-on déclarer qu'elle s'améliore du seul fait de la baisse du nombre de chômeurs alors même que la précarité de l'emploi se développe sans être chiffrée ?

Ainsi en est-il du solde du commerce extérieur qui, dans le cadre de la « globalisation » et de la monnaie unique, reflète plus la division internationale du travail que les échanges commerciaux ; on préfère, par exemple, transférer certains produits agricoles cultivés dans le Nord de l'Europe vers les pays du Sud pour y être transformés, compte tenu des coûts respectifs de la main-d'œuvre.

Car il ne s'agit évidemment pas d'accuser les chiffres de cette situation ; c'est leur sacralisation qui crée le lien inévitable entre leur production et « la seule explication possible » justifiant la « seule politique possible », entre leur diffusion et l'absence de débat sur la politique à mener : le dépassement de cette aporie réside dans la capacité à retrouver une capacité critique, fondement de tout débat démocratique.

La liberté contre la liberté

Il est beau de parler continuellement de liberté ; mais si la liberté fondamentale qui est laissée à l'homme est celle d'être conforme, alors c'est dire qu'il n'y a plus de liberté. Lorsque Michel Rocard a lancé son fameux slogan « *Parler vrai* », on a trop voulu entendre qu'il demandait aux hommes publics d'être honnêtes ; en fait, au-delà, il nous disait aussi que sa conception en matière économique était la seule vérité acceptable.

L'idée d'homme libre est fondée sur le refus du dogme. Or le dogme tend à se répandre à nouveau sur le monde ; du fait de l'inquiétude devant des phénomènes complexes, en particulier en matière économique. Au demeurant, il est vrai qu'on comprend parfaitement que les bouleversements mondiaux conduisent à chercher des refuges, donnent l'occasion aux grands prêtres de la conformité d'affirmer leur prééminence en rassurant les foules. Mais c'est justement une telle évolution qui engage l'humanité dans une impasse qu'il faut savoir combattre ; et c'est justement lorsque les responsables publics devraient clarifier les enjeux qu'ils participent à leur obscurcissement. Comment ne pas être inquiet, en particulier, devant le retour insidieux, au nom du respect obligé des croyances des autres, du délit de blasphème, autrefois combattu par Voltaire et tant d'autres grands philosophes et aboli par la Révolution dans la nuit du 4 août ? En somme, la philosophie actuelle enserre l'individu entre l'assujettissement au dogme général et l'obligation de respect due aux dogmes parcellaires. Et la liberté dans tout ça ?

L'idée d'homme libre, c'est aussi le refus de la détermination ; l'homme ne doit pas être déterminé par sa religion, sa région d'origine, sa culture d'origine, sa position sociale, son sexe, mais uniquement par sa qualité de citoyen. Le délit de blasphème, encore lui, n'est scandaleux, comme le dit Henri Pena Ruiz[8], «*qu'aux yeux de celui qui vénère la réalité blasphémée*»; pour celui qui veut s'en éloigner, c'est au contraire un élément de libération; la vraie liberté religieuse est donc inséparable du droit de blasphème.

Deux discours tentent de s'opposer aujourd'hui à celui de la Raison. Le premier est classique: face aux difficultés du temps, retrouvons le passé. Le deuxième n'est pas moins pervers: soyons moderne sans chercher à définir de quoi il s'agit à part d'être conforme à l'ambiance.

Pour nous, le combat pour la Raison est un combat philosophique, politique et social: il s'agit de comprendre le monde pour savoir le modifier.

Le suicide du politique

La culture du présent et la méconnaissance idéologique de l'idéologie aboutissent à une mort du politique en tant qu'espace de la chose publique. La notion d'intérêt général, fondatrice du contrat social, a ainsi progressivement disparu du discours politique et des textes juridiques. Corollaire de l'individualisme contemporain, elle traduit une privatisation de l'espace public.

La crise de l'intérêt général

Merveilleuse classe dirigeante qui ne cherche même plus aujourd'hui à exposer ses propres principes; en a-t-elle encore d'ailleurs? Son rôle est de faire avaler les contraintes dont elle est le mandataire. Elle n'a pas lésiné sur les moyens mis en œuvre pour faire accepter cela à notre peuple frondeur, pour l'obliger à rester «à sa place».

Tout d'abord, elle divise le peuple en émiettant la société. En insistant sur l'intérêt de groupes définis sur une base ethnique, linguistique, religieuse, sexiste… en remplaçant ainsi le citoyen libre et porteur d'une part de la souveraineté du peuple par le membre d'une communauté, nos responsables dévient le débat politique vers la satisfaction d'intérêts parcellaires ou corporatifs, supprimant toute remise en cause de l'essentiel, à savoir le système économique et social dont ils monopolisent la gestion.

La méthode est d'autant plus perverse que toute contestation de ces évolutions est présentée comme une atteinte intolérable à la liberté ; on connaît la chanson : « *Vous êtes contre la parité parce que vous êtes hostiles au progrès des femmes ; vous êtes contre l'usage des langues régionales et minoritaires dans les institutions publiques parce que vous êtes un jacobin sectaire ; vous êtes contre le vote des immigrés parce que vous êtes racistes* ». Ce chantage, apparemment fondée sur des arguments moraux, a une constante : le refus de l'universalité et de l'unité de la communauté de citoyens qui fondent le système républicain.

L'utilisation de la modernité est une autre constante du discours de nos dirigeants et de nos philosophes de la conformité. On a pu ainsi entendre Franz-Olivier Gisbert[9] expliquer que, si les électeurs s'abstenaient de plus en plus, c'était tout simplement le signe de notre évolution vers la modernité à l'instar des États-Unis. Merveilleuse modernité qui tue le dernier symbole de la citoyenneté : le vote ! ! !

Une des conquêtes majeures de la Révolution française a sans doute été la liberté de la presse. On ne saurait s'en plaindre. Toutefois les perversions de la société politique semblent avoir trouvé leur corollaire dans le fonctionnement de la presse : on ne peut que le regretter.

L'utilisation de la science est plus perverse. Son abus, à tort et à travers, permet de légitimer l'ordre établi au nom de la vérité ; la « science économique » a été, de ce point de vue, depuis quelques décennies, un des instruments principaux de la conformité : confondant constatation, explication et justification, la « science » devient, en la matière, purement idéologique ; il est, par exemple, extraordinaire qu'aient pu être présentées, pendant des années, comme économiquement équilibrées des situations caractérisées par l'existence de millions de chômeurs, par le développement de la précarité. L'équilibre ne pourrait-il être caractérisé par le plein emploi ?

L'individualisme constitue une donnée sociologique sur laquelle, pour l'instant du moins, il n'est pas possible de revenir. Il se traduit dans ses formes extrêmes par une hypervalorisation de l'ego, un culte du moi. Dans ses formes plus banales, qui nous affectent tous, il signifie la volonté de préserver un espace à soi, un espace matériel et temporel. Les idéaux de vie en collectivité s'affaiblissent et disparaissent. La collectivité reçoit chaque individu pour lui-même, pas en tant que cellule de base du corps social. On n'accepte d'en faire partie que dans la mesure où on l'accepte et le désire. L'idée de devoirs envers la collectivité est conditionnée par le consentement. Il s'agit d'un renversement de valeurs car l'espace public tend à se réduire à la juxtaposition des espaces privés, des consentements individuels.

Or l'espace public n'est pas l'addition des espaces privés. Il est un « plus » que traduit la notion d'intérêt général. Un exemple permet de saisir la portée de ce distingo : le développement des téléphones portables. Une technologie n'est pas, en elle-même, bonne ou mauvaise ; c'est l'usage qu'on en fait qui la rend oppressive ou réductrice. Les baladeurs musicaux extraient leurs utilisateurs de l'espace public mais les laissent à eux-mêmes ; le téléphone portable introduit un autre, un interlocuteur, présent sans l'être, un acteur sur lequel on n'a pas de prise. La conversation par portable interposé constitue une forme sociale désocialisée ; elle manifeste l'intrusion du privé dans le social, sans le social puisqu'une des parties est ailleurs. C'est pourquoi, il s'agit d'une privatisation particulièrement radicale et potentiellement violente, de l'espace public.

L'individualisme est contemporain de la mort du constructivisme politique. C'est-à-dire la capacité à penser un « ailleurs », un « autrement », une forme de progrès. En droit même, la notion d'intérêt général se dilue au profit d'une notion plus vague d'« intérêt national » ou d'« intérêt public » qui tolère des inégalités de plus en plus fréquentes. La déliquescence du concept de service public, sa soumission au droit commun de la concurrence, montrent bien que ce qui justifiait son statut et ses moyens particuliers, c'est-à-dire les sujétions d'intérêt général, ont disparu. Pourtant, on sait que par leur ampleur et leur nature, certains besoins ne seront jamais satisfaits par le privé qui n'a que faire de l'aménagement du territoire, de la justice sociale et du courrier de Mme Pichue, troisième colline à droite après le col enneigé.

Le politique se réduit à satisfaire les revendications particulières sans se soucier du type de société que l'on construit au bout du compte. Le téléphone portable n'est qu'un exemple parmi d'autres. On pourrait aussi citer les conséquences qu'a eu l'accord de Matignon sur la Corse de juillet 2000, qui a vu fleurir les revendications autonomistes. La dérive, que certains trouvent positive, réside dans le fait que les individus « *se définissent de moins en moins par ce qu'ils font, et de plus en plus par ce qu'ils sont, par le sexe, l'âge, l'ethnie, la nationalité, la religion, etc.* »[10]. L'extension des droits, *a priori* « démocratique» au sens où elle étend la liberté des individus, devient liberticide si elle n'est pas équilibrée par le sens de ce qu'on doit à la collectivité par le simple qu'on en est membre et qu'on est un être social. Les vertus civiques, chères aux républicains de 1871, manifestaient cette préoccupation. Aujourd'hui, elles sont ignorées ou dévoyées au profit d'un discours sur les devoirs qui est d'autant plus inefficace ou inaudible qu'il s'adresse le plus souvent à la partie du corps social qui n'a pas accès aux droits les plus élémentaires. C'est vers les délinquants, les jeunes marginalisés des banlieues qu'on tourne ce discours. Si le fait d'être victime de l'injustice de l'ordre social n'exempte pas des responsabilités, l'exemple des vertus ne peut venir que d'en haut. A l'arrogance du pouvoir qui s'exerce comme un métier et non plus comme une fonction, doit répondre l'axiome « plus on a de pouvoir, plus on a de devoirs », que ce pouvoir soit économique, politique, social, ou culturel.

La déliquescence de l'intérêt général prend une dimension nouvelle, à bien des égards aggravante, avec la construction européenne. La difficulté réside ici dans la définition d'un intérêt communautaire, au-delà des desiderata particuliers de chaque État membre. Chaque gouvernement défend logiquement les intérêts de son espace national. Sans toujours se rendre compte que l'espace européen est un espace en lui-même au-delà de l'addition des espaces nationaux. En tant que lieu partagé, que pouvoir particulier, que territoire avec une identité propre, l'Union européenne (UE) n'existe pas. Le droit communautaire des concentrations économiques le traduit bien qui apprécie les regroupements d'entreprises par rapport aux effets qu'ils produisent entre État membres et non vis-à-vis des ensembles économiques extra-européens. Les Liliputiens se sanctionnent tandis que Gulliver se promène… De même, les politiques régionales de l'UE ne parviennent-elles pas à déboucher sur un véritable territoire européen, avec ses propres logiques et besoins…

De la Nation à la secte

En fait, la critique de l'État-nation n'a jamais été fondée sur les réformes nécessaires de son fonctionnement. Elle n'a servi qu'à légitimer le passage d'un type d'État à un autre, en fait à la légitimation des intérêts mondialisés et, en corollaire, à la disparition de la souveraineté de la Nation, c'est-à-dire d'un corps de citoyens liés par un contrat social. Ce qui fondait le pouvoir, en France, depuis la Révolution, c'était, en effet, cette souveraineté, c'est-à-dire la délégation de pouvoir aux représentants élus par le peuple.

La conception développée aujourd'hui par Dominique Voynet en matière d'aménagement du territoire est caractéristique de cette évolution : oubliés les principes de service public, pourtant si nécessaires à la vie ou même à la survie des villages, oublié le principe de l'égalité des chances au profit de la réduction des « inégalités spatiales », oublié d'ailleurs l'homme au bénéfice des « acteurs du développement ».

C'est effectivement un État qui s'effondre, l'État républicain fondé sur le principe d'égalité et sur la loi unique. C'est aussi la remise en cause d'un instrument construit au travers des siècles et qui alliait une conception de l'intérêt public, un contrôle des actions réalisées (voir article 15 de la déclaration des Droits de l'homme et du citoyen) et un rapport au peuple.

Détruire l'idée d'État-nation a, en effet, demandé également à nos apprentis sorciers de détruire l'idée de Nation. Ils ont opportunément constaté que l'extrême droite utilisant le terme « national », ce dernier ne pouvait qu'être condamné. Une telle malhonnêteté n'aurait, en d'autres temps, provoqué que des haussements d'épaules, tant l'idéologie du Front national est éloigné des valeurs qui ont fondé la nation républicaine ; nos responsables politiques se sont-ils même rendu compte qu'en assimilant ainsi les constituants de 1789 et Jean-Marie Le Pen, ils donnaient à ce dernier un label républicain inadmissible ?

Toujours est-il que le thème a porté ; on nous donne honte de la Nation, c'est-à-dire de ce rassemblement des citoyens quelles que soient leurs origines, leur pensée, leur histoire, autour d'un contrat social. On détruit une conception ouverte de la Nation, ce «*plébiscite de tous les jours*» comme le disait Renan, cette recherche d'un avenir commun de progrès. Mais par quoi la remplace-t-on ? Par l'allégeance à un État fonctionnel et quasi religieux, nous l'avons dit. Toutefois les dogmes économiques n'ayant pas la même valeur symbolique et émotionnelle que les dogmes religieux, nos apprentis sorciers ont, par ailleurs, réinventé la valeur des communautés.

Extraordinaire hypocrisie, ceux qui défendent le retour aux particularismes fondent souvent leur raisonnement sur l'incapacité supposée de telle ou telle communauté, par exemple de l'islam à s'adapter à une société dont les principes sont laïques. Comme si, avant la séparation des Églises et de l'État, la religion catholique, en France, avait manifesté sa capacité d'adaptation à la laïcité ! Utilisation des problèmes à des fins intéressés ? Ne trouve-t-on pas, en effet, le plus souvent, les plus inquiets quant à la capacité d'adaptation de l'islam chez les adversaires de la laïcité, eux-mêmes fidèles à d'autres religions ?

Combien de signes nous indiquent l'évolution vers l'émiettement des peuples et non vers leur rassemblement ? Par exemple, la Charte européenne des langues régionales et minoritaires qu'a proposé le Conseil de l'Europe organise, en son préambule, le passage de la conception ouverte de la Nation que nous évoquions ci-dessus à une conception fermée basée sur la pratique d'une langue, valorisant ainsi l'origine des individus, conception qui porte en germe le nationalisme. Car, en effet, il ne s'agit plus de l'identité culturelle ou linguistique des citoyens, il s'agit de la séparation de la vie publique en fonction de l'origine et de la langue. Devant un tel enjeu, quel responsable politique a-t-il osé défendre cette Charte devant les électeurs avant les élections ? Aucun.

Ah ! Le fameux droit à la différence ; la non moins fameuse discrimination positive ! Que n'a-t-on pas entendu sur ces thèmes !

Le problème est que personne n'ose dire et que personne d'ailleurs ne saurait contrôler où commence la discrimination, ni où finit le positif. C'est d'ailleurs souvent ceux là même qui s'émerveillent devant le moindre zeste de culture dite minoritaire qui s'inquiètent par ailleurs des résultats électoraux des pêcheurs et autres chasseurs aux élections européennes ; c'est pourtant aussi une culture, un peu moins exotique simplement ; comme disait Flaubert, «*un indigène, c'est quelqu'un qui vit chez lui, mais ce n'est pas ici*». Comme quoi la culture n'est pas, en elle-même, objet de vénération ; tout peut se discuter.

Bien sûr, nous sommes différents entre nous ; mais, ou bien cette remarque n'est qu'une plate évidence, ou bien elle est utilisée pour ne marquer les différences qu'en fonction de critères prédéfinis. Alors pourquoi, par exemple, remarquer les différences de langues ou de cultures plutôt que de situation sociale ?

Le mirage de la parité

Et comment ne pas s'inquiéter, au risque de passer pour le pire des réactionnaires, de la volonté d'institutionnaliser la parité hommes-femmes ? Car autant l'objectif de l'égalité est totalement justifié, autant la séparation institutionnelle des sexes est contraire à l'idée d'unicité citoyenne ; l'idée qu'une femme ne doive son poste qu'à son sexe est proprement offensante pour elle. Au-delà de la légitime revendication de justice formulée par les femmes au travers de la parité, de redoutables questions philosophiques et politiques surgissent qui intéressent l'humanité tout entière. En effet, l'appel à une parité politique, syndicale et même parfois domestique s'accompagne de la critique de l'universalisme, principe qui a abrité l'exclusion des femmes de la représentation et même de la vie politique. De la critique, on passe aisément à la remise en cause et le combat pour la parité aboutit à la revendication et à l'instauration d'un « universalisme sexué ». Ce changement de terminologie et de concept est loin d'être banal : il revient à un changement de paradigme philosophique. Cette mutation, assumée par les féministes philosophes, telle Sylvianne Agasinski, est largement sous-estimé par les commentateurs et une classe politique, masculine largement, qui ne saurait prendre le risque électoral de soulever un tel débat. C'est d'ailleurs une victoire en soi des femmes que d'avoir réussi à instaurer une semblable pression sociale.

Il n'est pas anodin, il n'est pas sans conséquence de changer le paradigme philosophique qui fonde une communauté politique. L'universalisme est-il vraiment l'ennemi des femmes ? Il a abrité leur oppression mais il ne l'a jamais justifié du point de vue philosophique et intellectuel. L'universalisme qui établit une indifférenciation sexuée des membres du corps social a accompagné l'avènement de la démocratie. Au nom du principe d'égalité, il interdisait en effet les prévalences sociales, de sang et de « race ». Il a ainsi porté l'abolition des privilèges nobiliaires (1789), celle du suffrage censitaire (1792) – qui réservait le droit de vote à ceux qui pouvaient payer un certain impôt –, celle de l'esclavage dans les colonies (en 1792 puis en 1848). Pourtant, il a en même temps abrité l'incroyable machisme des sociétés, machisme qui perdure encore aujourd'hui dans des proportions qui stupéfient la raison. Il suffirait simplement que les femmes politiques citent les propos de certains de leurs collègues masculins pour qu'on s'en rende compte. Seul Condorcet a souligné l'incohérence mentale de révolutionnaires qui établissaient une démocratie dont ils excluaient une partie du corps social. Et que dire, à ce titre, du Front populaire en 1936 qui nomme deux secrétaires d'État femmes alors que celles-ci n'ont toujours pas le droit de vote ! ! ! Et il a fallu que les femmes paient le prix du sang dans la résistance au nazisme pour qu'on leur accorde, en 1944, le droit de vote…

La pratique et les habitudes culturelles ont usurpé un principe commun à tous, hommes et femmes. Et d'ailleurs d'où vient qu'on remet un principe en cause parce qu'il est mal appliqué ? Dirait-on qu'il ne faut pas faire l'Europe parce qu'aujourd'hui, elle est en échec sur la question sociale ? Le nouveau paradigme de l'humanisme sexué, validé par la révision constitutionnelle de juin 1999, brise l'unité de l'humanité : il n'y a plus d'humanité, il y a une humanité *sexuée*. Double conséquence. D'une part, on divise l'humanité. Mais on la divise jusqu'où ? Les paritaristes ont beau expliquer que la différence des sexes est incomparable à tout autre distinction, il n'empêche que la parité brise un tabou en faisant admettre la division de l'humanité. Elle rompt ainsi un rempart élevé contre les discriminations et invoqué notamment contre le racisme. La digue est rompue ; qui arrêtera le flot en ces temps de résurgence des intolérances ? D'autre part, il n'y a plus de principe d'égalité des citoyens mais un principe d'égalité des citoyens et des citoyennes. Donc un droit de représentation et de participation sexué. Ne commet-on pas là une erreur d'analyse ? Comme le souligne la juriste Evelyne Pisier, « *les femmes ne sont pas sous-représentées, elles sont sous-représentantes* ». C'est le droit des femmes à représenter la Nation, à parler au nom du corps politique qui est nié par le machisme, pas leur droit à être représentées en tant que femme. D'ailleurs, en démocratie, personne n'a de droit à être représenté. Ce que les féministes admettent d'ailleurs lorsqu'elles demandent que la loi leur garantisse un accès aux listes de *candidatures,* pas à un quota d'élues. Pourtant, en pratique, c'est bien à cela qu'aboutit la parité. Et c'est bien sa signification intrinsèque.

Certaines féministes reconnaissent la difficulté. Mais elles répondent que la discrimination envers les femmes a assez duré. Et on comprend, pour avoir observé de près la vie politique, l'exaspération de ces femmes constamment déniées dans leur combat, ridiculisées parfois, écartées toujours. Yvette Roudy, auteur de lois fondamentales sur l'égalité professionnelle des hommes et des femmes en 1983 – chantier malheureusement toujours ouvert –, racontait ainsi que, longtemps, elle avait refusé de faire du combat pour l'accès des femmes à la vie politique un combat spécifique. Pour elle, il était inséparable du combat général pour la justice. Elle a déchanté. Car cette distinction, les hommes eux la faisaient, remettant toujours à plus tard la réforme de la vie politique. Pourtant, la fin justifie-t-elle les moyens ? Les femmes peuvent-elles vouloir leur liberté au prix des principes, au prix de l'humanisme ? L'intérêt général, dont elles ne peuvent s'exclure, requiert qu'on reformule la revendication de justice envers les femmes.

C'est dans l'approfondissement des pratiques démocratiques, en tant qu'elles concernent chaque membre du corps social, homme ou femmes, que réside le vrai combat qui reste à mener : celui d'un humanisme qui tient ses promesses et d'un universalisme que l'on prend aux mots.

Au prétexte que la Nation serait excluante, on en revient donc à des communautés fondées sur l'exclusion ; au prétexte que la Nation serait fermée, on refuse de l'ouvrir.

La paupérisation de l'État

L'État incarne l'intérêt général au-dessus des intérêts particuliers. La République a toujours été assimilée au bien commun par les philosophes (Montesquieu, Rousseau, ou plus anciennement Machiavel). Cette idée a amené l'État républicain à assurer un certain nombre de missions d'intérêt général qui, dans la démocratie sont laissées à des associations privées : enseignement, services sociaux, création de services publics…

La nécessité de l'équilibre budgétaire a entraîné des coupes claires dans les finances publiques : diminution du nombre de fonctionnaires, réduction des moyens accordés au service public, impératif de rentabilité… L'État ne peut plus assurer un certain nombre de missions qu'il abandonne ou sous-traite : augmentation uniforme des tarifs publics, fermeture de lignes SNCF, baisse des subventions accordées aux organismes sociaux, effets pervers de la décentralisation… La société civile est appelée à pallier ces désengagements par l'action privée. L'initiative et les moyens locaux deviennent alors fondamentaux et leur carence crée des inégalités régionales et sociales. L'abandon progressif de la politique d'aménagement du territoire (budget en baisse constante) ne permet pas de corriger la tendance. De même, le délitement de la planification qui devait servir à coordonner et organiser le développement national est un symptôme de la crise de l'intérêt général.

La préoccupation affichée de réduire les impôts ne pourra être qu'un facteur aggravant. Cependant, des réflexions se font jour pour mieux répartir les impôts afin d'en tirer plus de profit pour financer les actions de l'État. Le report régulier de la réforme de la fiscalité montre la difficulté du sujet.

La paupérisation de l'État est révélatrice de la dilution du principe d'égalité au profit de l'auto-organisation de la société civile.

La « démocratisation » de la République prend ici la forme d'un appel à l'efficacité ou au pragmatisme contre l'appel traditionnel au peuple, et d'une crise de l'école publique comme lieu de formation des citoyens. La garantie de l'État de droit suffit à entériner ce glissement bien qu'il signifie une dilution de la souveraineté républicaine du peuple.

Requiem pour le Parlement

Roland Dumas, apostrophant les députés socialistes lors du vote sur l'amnistie des généraux auteurs du putsch de 1962 à Alger et indiquant, une fois n'est pas coutume, sa désapprobation face au choix majoritaire de ce groupe dont il était membre, s'exclamait : « *Je ne comprend pas ; puisque le président de la République est pour, comment pouvez-vous être contre ?»* ! ?

Il pourrait sembler curieux que François Mitterrand, auteur du *Coup d'État permanent* ait justement accéléré le déclin du Parlement et, du coup, légitimé les atteintes au parlementarisme engagées par la droite depuis des années ; ce serait faire preuve d'une assez grande naïveté à son égard, mais ce serait surtout faire l'impasse sur l'apparente incapacité de la société moderne à générer sa propre représentation politique.

C'est dans les années 70 que la gauche était apparue à une nouvelle classe dirigeante en formation comme capable de légitimer le remplacement au pouvoir d'une majorité sociale par une minorité politique, c'est-à-dire de gérer l'économie au mieux des intérêts dominants tout en maîtrisant les contradictions sociales et en tenant le discours qui calme la rue. Pour ce faire, il fallait donc liquider au maximum le rôle du parlement, symbole de compromis politiques et sociaux alors que nos nouveaux responsables voulaient asseoir leur hégémonie.

Il n'avait donc pas tort cet huissier de l'Assemblée nationale, en apparence bizarre, lorsqu'il apostrophait un député en train d'exposer ses idées à la presse dans les couloirs du Palais Bourbon : «*S'il vous plaît, monsieur le député, pourriez vous aller plus loin car j'ai besoin d'espace pour un groupe de touristes qui visitent l'Assemblée ?*» ; le Parlement réduit à l'état de musée de la démocratie, voilà ce dont n'auraient oser rêver ses pires adversaires ! Les principaux responsables politiques sont tellement conscients de la situation qu'ils ont ainsi créée qu'ils insistent, de façon récurrente, sur la nécessaire revalorisation du Parlement sans chercher aucunement, d'ailleurs, à remettre en cause les institutions qui le nient.

Il est très révélateur de comparer le nombre d'heures passées par les parlementaires sur le dossier de la chasse en regard de la quasi absence de débats de fond sur les questions de l'éducation ; et que dire du peu de contrôle réel sur ce qui fut l'objet même des débuts du parlementarisme : le budget et plus généralement les questions économiques ? Ne voit-on pas, d'ailleurs, émerger des tentatives de la part du gouvernement dit de gauche pour remettre en cause le peu de contrôle du budget laissé au Parlement par la loi organique de 1959 ?

Pas de citoyenneté, en effet, sans débat public réel sur les questions économiques car il n'y a pas de séparation entre l'économique et le social.

L'extension du libéralisme sur le monde ne s'est pas accompagné d'un élan démocratique, comme le prétendent les philosophes libéraux et les porte-paroles de la globalisation, mais au contraire d'un affaiblissement de toute citoyenneté. Retrouver une force citoyenne n'est pas, contrairement à ce que proclament hypocritement nombre de porte-paroles de la conformité, remettre en cause la liberté d'entreprendre ou la construction européenne, mais donner à chacun son rôle d'acteur dans ce système :

- au salarié dont l'intérêt ne saurait se résumer à celui de l'entreprise qui l'emploie, dont le salaire ne doit pas être le reliquat du résultat d'exploitation, une fois rémunérés tous les autres acteurs ;
- au citoyen qui doit, par l'intermédiaire de ses élus, exercer une influence sur les choix principaux comme sur les instruments politiques essentiels, qu'il s'agisse de

la banque centrale européenne, du rôle des services publics...

La politique économique doit permettre de mettre en œuvre un nouveau contrat social et non de soumettre l'organisation sociale aux seuls intérêts financiers. L'État n'est qu'un instrument pour cette action.

Oui mais, à l'État-nation, qui privilégiait la loi par rapport au règlement et qui équilibrait les pouvoirs entre le législatif et l'exécutif, a succédé, de nos jours, une conception fonctionnelle et technocratique de l'État. Celui-ci n'est alors plus l'émanation des citoyens ; il constitue un amas de pouvoirs et de compétences qui ignorent de plus en plus la sanction du suffrage universel. Le citoyen, dans ce système, perd sa fonction dynamique et devient un sujet (plus ou moins assisté) de l'État technocratique (plus ou moins providence).

Cette évolution, aujourd'hui très caractéristique des institutions européennes, a commencé, en France, lors de la période coloniale, puis a été largement codifiée et développée par les institutions de la 5e République.

Il ne faut pas toujours renvoyer la responsabilité aux autres ; le discours de trop de nos dirigeants tend à dire : « *On n'y peut rien ; si nous voulons être moderne, si nous voulons construire l'Europe, il faut accepter de faire des compromis.* » Ce discours est intolérable et mérite d'être combattu. En effet, s'il ne s'agit que de sacrifier aux dogmes économiques, quelle est alors la portée humaine d'un si grand projet ? En fait, nos dirigeants masquent souvent, par les contraintes économiques, par l'alibi européen, leurs propres choix, leurs propres aspirations. En présentant, par exemple, la disparition des principes de la République, du rôle des parlements comme un produit fatal de la construction européenne, en oubliant de dire qu'ils ont parfois eux-mêmes, au niveau européen, demandé ces évolutions, en assimilant État et politique réactionnaire alors que c'est de leur propre conception de l'État qu'il s'agit, ils imposent l'idée qu'il ne peut y avoir débat sur ces questions. Ainsi s'explique, en partie, l'atonie politique.

Rarement, en effet, des choix politiques aussi importants ont-ils été faits dans une telle opacité.

Combien de fois avons-nous entendu les membres des gouvernements successifs, quelles que soient leurs étiquettes, expliquer que les évolutions qu'ils proposaient étaient mineures, puis, une fois celles-ci admises, expliquer, quelques temps après, avec la même certitude et sur le même sujet, qu'elles étaient finalement fondamentales ? Ainsi en fut-il, malheureusement, lors de toutes les grandes étapes de la construction européenne, par exemple sur l'Acte unique. Combien de fois des réformes fondamentales ont-elles été discutées dans l'obscurité, sans que les représentants du peuple en aient été avertis ? L'accord multilatéral sur l'investissement, par exemple, n'est sorti du secret que grâce à des militants canadiens alors qu'il était en discussion depuis plus de dix ans. On ne débat plus publiquement des options politiques ; on impose des étapes vers des objectifs non exprimés et parfois non connus.

Où donc se décide aujourd'hui le droit qui va nous régir ? En fait, les textes juridiques importants sont, de plus en plus souvent, des conventions internationales, des directives européennes.

Les conventions internationales sont négociées en amont par le gouvernement et ne sont plus amendables lors de leur arrivée devant le Parlement ; elles ne sont plus alors qu'à prendre ou à laisser. Ainsi, dans des cas de ce genre, le gouvernement est-il maître, en amont, du texte initial dont il est un des rédacteurs, en aval, de l'organisation du vote grâce aux institutions de la 5e République. Quel choix reste-t-il alors aux représentants du peuple ? La convention internationale devient ainsi une source de plus en plus fréquente du droit, et il ne s'agit pas toujours, contrairement à ce qu'on pourrait penser, de problèmes de nature internationale nécessitant d'être traités de façon concertée par les États. Il peut s'agir de l'organisation interne de notre société. La Charte européenne des langues régionales et minoritaires, d'ailleurs élaborée non par l'UE, mais par le Conseil de l'Europe, fut ainsi utilisée d'abord avec hésitation par Jacques Chirac, puis avec enthousiasme par le gouvernement de Lionel Jospin pour tenter de faire évoluer nos principes de relation en société ; tout cela mis en œuvre sans débat sérieux, au prétexte de l'Europe et dans un quasi secret.

Les directives européennes, pour leur part, sont de plus en plus élaborées par des experts sans contrôle comme sans responsabilité politique.

Finalement, à quoi sert le Parlement aujourd'hui alors que les lieux d'élaboration des règles collectives s'éloignent vers l'Europe, c'est-à-dire vers des organes non élus et peu responsables ? À quoi sert le Parlement alors que se développent des recours judiciaires contre les décisions politiques, changeant par là même la nature du pouvoir. Les recours judiciaires peuvent se comprendre lorsqu'il s'agit de protéger des droits fondamentaux tels que les droits de l'homme et du citoyen. L'accroissement des droits des minorités politiques dans les assemblées serait d'ailleurs un moyen démocratique favorisant la protection de ces droits. Car il ne saurait s'agir, à notre sens, de remettre en cause la souveraineté populaire, ce que tend à faire le Conseil constitutionnel lorsqu'il s'aventure sur le fond des sujets : évaluation de l'indemnisation des entreprises nationalisées en 1982 ou plus récemment censure de l'écotaxe.

On accusera assez aisément la lâcheté des élus, leur esprit de soumission, leur obsession de la réélection, voire leur carriérisme. On dénoncera un certain nombre d'affaires, de brebis galeuses qui ont d'ailleurs été largement utilisées pour jeter l'opprobre sur tous ; et tout cela sera en partie vrai. On remarquera aussi l'extraordinaire mépris des chefs de l'exécutif vis-à-vis des élus, le fait que les parlementaires sont de plus en plus l'émanation des appareils politiques qui décident d'octroyer telle ou telle circonscription sûre à tel ou tel ami ; à titre d'exemple, la parité hommes-femmes est d'ailleurs un reflet de la conception très instrumentée de la représentation nationale. On notera enfin que, le temps passant, l'exécutif est de moins en moins le reflet de la souveraineté populaire, les ministres étant de plus en plus nombreux à être choisis en dehors des élus, quitte à en faire des élus par la suite ; si Claude Allègre, par exemple, a pu, avec raison, protester contre le rôle de fusible qu'on lui a fait jouer, il a, par contre, eu tort sur le plan strict du fonctionnement du système puisque sa seule légitimité procédait de la décision souveraine de Lionel Jospin.

Comment pourrait-il en être autrement puisque le pouvoir ne procède plus du peuple mais des commentateurs attitrés de la vie publique. Un député socialiste a d'ailleurs fort bien résumé la question, de façon à la fois cynique et naïve : s'exprimant à propos des accords de Matignon sur la Corse qui envisagent un transfert de compétences législatives à la Corse, François Colcombet, a en effet qualifié d'« *archaïque* » l'idée que le pouvoir législatif est « *important* » alors que la « *Constitution de 1958 ne lui donne pas un pouvoir central*»[11]. Le fait est d'autant plus remarquable que lorsque, malgré toutes les étapes et les contraintes imposées par l'exécutif, une loi est votée, le gouvernement peut encore décider d'en différer, voire de ne pas en promulguer les décrets d'application ; on l'a vu récemment a propos de la loi sur la protection des transports de fonds vers les banques.

Certes la France ne présente pas à cet égard un cas unique. Le seul parlement au monde qui contrôle réellement l'action de son exécutif est celui des États-Unis ; ce n'est évidemment pas un hasard puisqu'il s'agit de la puissance mondialement dominante ; le rôle d'un parlement, dans un système démocratique, n'est pas de gouverner, mais de contrôler ceux qui gouvernent ; que pourrions-nous contrôler dans nos pays, au vu des marges de manœuvre que nous laisse la globalisation telle que l'acceptent sans renâcler nos propres dirigeants ? La culture de la fatalité entraîne donc la marginalisation du Parlement.

Quel est le rôle des élus français dans une telle configuration politique ? On leur demande de voter en solidarité avec le groupe politique et le parti dont ils sont membres ; ceux-ci, de leur côté, doivent être solidaires avec le président de la République, ou le premier ministre, lorsqu'ils sont issus des mêmes appareils ; ceci, bien sûr, au nom de la solidarité avec le chef. Elle est bien loin, l'époque pourtant pas si progressiste où Adalbert, comte de Périgueux, interpellé par le roi Hugues Capet qui lui demandait : «*Qui t'a fait comte ?*», pouvait répondre «*Qui t'a fait roi ?*». La seule question qui vaille, *in fine,* est de savoir qui dirige la société.

Feu le suffrage universel

En fait, la restructuration du capitalisme, en particulier autour de ses valeurs financières avait besoin de se libérer des contraintes institutionnelles et sociales que lui imposait la République ; et s'il est vrai que la France représente une exception, c'est avant tout celle de sa capacité de résistance historique, philosophique et institutionnelle à l'envahissante conformité d'aujourd'hui.

Pour occuper le pouvoir, la nouvelle hégémonie sociale, mélange de direction technocratique et financière, a affaibli tous les contrôles qui pouvaient peser sur elle. Une telle analyse peut paraître étrange au vu du développement extraordinaire des moyens de contrôle développés depuis des années ; mais ces contrôles sont-ils efficaces, sont-ils bien ciblés ?

Ces contrôles ont tout d'abord, nous l'avons dit, porté sur les élus ; l'affaiblissement institutionnel du Parlement s'est conjugué avec un discours antiparlementaire ; les parlementaires eux mêmes, plus ou moins complexés par la pression extérieure ont crée les moyens de contrôle de leur propre culpabilité. Parallèlement, la justice, volontiers mise sur un piédestal, présentée comme de plus en plus indépendante (de qui ?), voit ses capacités d'action de plus en plus réduite par le développement de l'indépendance financière des *happy few* du système (stocks-options, off shore, fluidité et opacité des mouvements de capitaux au sein de l'Europe...). De son côté, le Parlement, considérant qu'on est allé trop loin, cherche à remettre en cause les moyens de contrôle du judiciaire, par exemple des chambres régionales des comptes. Quant aux reponsables mis en cause par la justice, ils crient trop souvent au harcèlement sans rien justifier, ni remettre en cause, certains estimant représenter le bien et être au-dessus des lois. Et le pouvoir du peuple dans tout ça ?

La destruction du citoyen-souverain a permis la légitimation d'une nouvelle aristocratie. Ainsi le contribuable français doit-il payer les erreurs des PDG successifs du Crédit Lyonnais parmi lesquels un certain Haberer qui explique de façon apparemment naïve n'avoir jamais pensé que des personnes aussi bien que certains de ses collaborateurs (faut-il comprendre certains inspecteurs des finances ?) aient pu faire des choix aussi absurdes ; ainsi le même Crédit Lyonnais, fonctionnant pourtant en théorie comme un service d'intérêt national, a-t-il largement contribué à la fortune de M. Pinault. En fait, au prétexte d'affaiblir un État présenté comme envahissant, ou un Parlement présenté comme incompétent, nos dirigeants tendent-ils à rétablir l'arbitraire et l'absence de contrôle.

Ce sont donc finalement les membres de cette aristocratie nouvelle qui, grâce à ces évolutions institutionnelles et internationales, détrônent le peuple de sa souveraineté et empêchent sa recréation sur un espace plus vaste ?

Ils n'ont, de fait, pas lésiné sur les moyens mis en œuvre pour cet objectif. La délégitimation des institutions républicaines s'est accompagnée d'une vaste campagne idéologique pour contester la valeur du vote populaire et affirmer la valeur des choix de nos prétendues nouvelles élites.

Le poids électoral du Front national dans les années 80 et 90 a été paradoxalement utilisé pour ces objectifs ; les votes populistes, terme difficile à définir, mais qui semble englober tous ceux qui contestent les éléments clefs de la conformité, prouveraient, dans cette logique, qu'il faut mettre des limites très strictes à l'expression populaire, en bref refuser les votes de ces salauds qui votent mal.

Parti politique émergeant au début des années 80 et devenu imposant par la grâce de Dieu, le Front national a alimenté, pour une large part, les débats politiques dans notre pays au cours des années 80 et 90. Qu'il faille critiquer le Front national, combattre ses thèses et organiser l'action pour l'éradiquer du panorama politique, va de soi ; cela étant dit, a-t-on pour autant réglé le problème ? En effet, si combattre le Front national et ses thèses constitue une priorité majeure, on ne saurait dire qu'un tel combat suffise à définir un programme d'action politique, ni surtout à donner un label de républicanisme. L'extrême droite a trop servi à donner un gage de bonne moralité à de hauts responsables politiques, à leur éviter de trop parler du fond des problèmes, voire à préparer des alliances. Dans les années 80, nous avions eu droit à la tentative consistant à nous présenter, au nom du rejet du Front national, MM. Michel Noir, Alain Carignon, Michel Mouillot et quelques autres comme un renouveau des vertus démocratiques. En 1994-1995, nous avons eu à connaître de grands rassemblements pour les droits de l'homme et contre l'extrême droite ; rassemblements qui regroupaient, assez systématiquement sur la place du Trocadéro, devenu symbole des droits de l'homme, MM. Lionel Jospin et François Bayrou. Prémices de nouvelles alliances ? On pouvait le penser lorsqu'on voyait que, pour eux, être républicain se résumait à être hostile au Front national.

Si la lutte légitime et nécessaire contre l'extrémisme, pour les droits de l'homme, trouve comme moyen politique de rassembler des forces politiques, il vaudrait mieux le dire et préciser sur quels principes se font ses rassemblements : si c'est pour renforcer la société pluricommunautaire et l'idéologie libérale, alors disons que ce n'est pas un bon projet. Et surtout, puisqu'on nous parle de droits de l'homme, rappelons que la Révolution française a élaboré la Déclaration des droits de l'homme et du citoyen. On aimerait croire que la chanson universellement et perpétuellement entonnée sur les droits de l'homme n'est pas destinée à mettre le citoyen dans les oubliettes de l'histoire.

Et plutôt que de voir verser nos belles âmes dans de grands élans aussi lyriques qu'opportunistes, nous aurions aimé qu'elles s'émeuvent un peu plus lorsque Roland Dumas – encore lui – avait été élu, en 1987, président de la Commission de affaires étrangères de l'Assemblée nationale en battant Bernard Stasi, antifasciste notoire, avec les voix du Front national (ce dernier avait, à l'époque, des députés grâce au nouveau scrutin proportionnel). Ce jour-là, les voix de Lionel Jospin et de Jean-Marie Le Pen en personne se mêlaient dans un même vote. Mais cela ne suscita pratiquement aucun commentaire.

Il n'y eut pas plus de protestation, d'ailleurs, bien au contraire, lorsqu'en 1996, à Sète ou dans l'Eure, le Front national se désista officiellement pour la gauche au deuxième tour d'élections partielles ; celle-ci n'y vit d'objection, ni ne refusa les voix ainsi proposées. Lorsque l'écart entre les intérêts immédiats et le discours s'accroît au-delà de certaines limites, ce n'est même plus d'hypocrisie qu'il s'agit, mais d'une crise politique profonde.

L'entreprise de contestation du vote populaire, puis du rôle des élus, semble, en fait, destinée à réserver l'expression politique à la nouvelle aristocratie ; il s'agit d'une nouvelle sorte de suffrage censitaire ; mais, alors qu'autrefois, le cens résultait de la fortune, présumée donner droit à la gestion des affaires publiques, il résulterait, aujourd'hui, de la compétence de certains à rester dans le « cercle de la raison ».

Les États-Unis nous ont récemment fourni, à l'occasion de leur élection présidentielle, une expérience *in vivo* quant à la nature de la démocratie moderne ; bien sûr, tous les thuriféraires officiels se sont extasiés devant « la vitalité de la démocratie américaine que prouvait la volonté de ce pays d'avoir des résultats électoraux corrects » ; en fait, après un scrutin dont les résultats avaient démontré les difficultés de la première puissance mondiale à fabriquer des bulletins de vote compréhensibles par l'électeur moyen, puis à savoir comptabiliser correctement les résultats, on assistait à un combat de chiffonniers, au demeurant insoluble, entre les deux candidats désignés d'avance comme les seuls valables et qui avaient monopolisé pendant des mois l'argent, les tribunes et les organes d'expression écrits et audiovisuels.

En fait, cette démocratie dite moderne conduit à faire avaliser par les citoyens, sans grand débat de fond, un choix préétabli sur un ou deux candidats officiels à qui le système réserve, pour l'essentiel, l'argent et les moyens d'expression. Un tel jeu ne génère pas, en général, de grandes conséquences : l'un l'emporte, l'autre pas ; personne ne parle de rien d'autre. Mais lorsque, phénomène rare, le résultat devient relativement incertain, indiscernable, alors le conte de fée démocratique s'estompe, la réalité du système émerge et sont contraints d'apparaître : les annonces de résultats faux publiés par tel ou tel média qui veut se présenter comme « le plus rapide à annoncer » ; la découverte que les résultats dits officiels sont systématiquement faux à chaque élection – en particulier parce qu'ils n'incluent pas les votes de l'étranger qui n'arrivent que bien plus tard ; les candidats dits marginaux tel Ralph Nader, à qui on a refusé pendant des mois toute tribune d'expression, mais qu'on rend soudain responsables du manque de voix de tel candidat ; la révélation que le vote à l'élection présidentielle aux États-Unis n'est en fait qu'un suffrage indirect des électeurs, désignant des grands électeurs, d'ailleurs sans mandat impératif.

Alors, on comprend soudain que la situation est insoluble et on transfère le bébé soit à la justice, représentée par telle ou telle cour ou tel ou tel juge, soit à la Chambre des représentants, manière, sans doute, de montrer à l'électeur fort peu souverain, mais qui croit agir en hurlant au sein d'une mini guerre civile électorale, qu'on ne sait pas où se situe la vraie légitimité. De fait, d'ailleurs, qu'est ce que cela voudrait dire puisqu'on apprend ainsi que la justice est presque totalement politisée, qu'on peut étiqueter les juges, par exemple que la Cour suprême de Floride comprend quatre démocrates et un « indépendant », que la Cour suprême fédérale comprend cinq républicains et quatre démocrates, que donc, du haut en bas, le système est lié plus à des appareils et aux intérêts qui les soutiennent qu'au citoyen ? Que signifie, d'ailleurs, la séparation des pouvoirs au vu du rôle éminemment politique que s'attribuent les juges de la Cour suprême fédérale ?

On découvre, finalement, que les pères fondateurs de la constitution des États-Unis se méfiaient du peuple et avaient inventé une démocratie très contrôlée par leurs élites ; et que ce système dérape lorsque les élites sont en crise ou ne se renouvellent plus.

On pourrait interpréter les fièvres électorales en termes d'enjeux et de principes, mais force est de reconnaître que la fièvre est, ici comme ailleurs, plus alimentée par des coups de passion mièvres (Gore embrassant fougueusement sa femme en public) ou dramatiquement sordides (Bush faisant procéder à des exécutions capitales) qu'à un débat entre citoyens responsables ; le système présidentiel conjugué au pouvoir de l'argent ou des médias peut-il d'ailleurs conduire à autre chose ?

Que cela arrive au sein de la puissance qui donne des leçons au monde entier avec arrogance pourrait nous simplifier l'analyse. Mais balayons plutôt devant notre porte.

Certains exemples cités ici (Commission Plan 2000, Crédit Lyonnais, etc.) pourraient, en effet, faire sourire ; mais nos élites n'ont pas grand sens de l'humour ; ce qui peut nous inquiéter, c'est leur manière de ne considérer un vote, aussi fragile soit-il (Maastricht) comme légitime que lorsqu'il est conforme à leurs vœux – sinon, on le recommence, tel fut le cas au Danemark qui avait refusé ce traité en 1992. Autres temps, autres mœurs ; de telles pratiques étaient autrefois qualifiées de totalitaires ; qu'elles soient faites dans la tranquillité ne change pourtant pas profondément leur nature.

La nouvelle aristocratie

Mais comment se définit cette élite, cette fameuse technocratie ? En fait, on est conduit à dire qu'une pensée est élaborée, de façon à peu près conforme, par les milieux économiques et financiers dominants. C'est pourquoi il est sans doute plus juste de parler de pensée conforme que de pensée unique. Cette pensée est mise en forme et développée par ce qu'on appelle communément la technocratie. Dans ce cadre le terme de technocratie est chargé d'ambiguïté : en effet, il semble faire référence à des thèses très anciennes qui insistaient sur le nécessaire pouvoir de ceux qui maîtrisent les techniques. Ces thèses, par le pouvoir qu'elles conféraient à une sorte de noblesse de la compétence, se sont révélées dangereuses et ont donné lieu à des dérapages conceptuels. À cet égard, rappelons ce qu'on appela la synarchie en France, dans les années 30.

Approfondir le rapport entre démocratie et développement des techniques demeure assurément une exigence absolue. Mais tel n'est pas le problème qui nous occupe ici car ce qu'on appelle aujourd'hui, peut-être improprement, le système technocratique est un système qui utilise plus la technique, en particulier la « technique économique », et le discours technique pour légitimer les choix politiques et sociaux que pour permettre le débat sur ceux-ci. En ce sens, et de plus en plus, le rôle du technocrate est celui d'un grand-prêtre de l'ordre établi plutôt que celui d'un technicien au service de la société. Par contre coup, la sélection des élites tend à se faire davantage sur des critères de souplesse et d'origine sociale que de compétence ; l'idéal, pour l'ordre établi, est évidemment atteint lorsque les deux se conjuguent.

Un professeur de physique déclarait récemment, parlant d'un de nos très hauts technocrates qu'il avait eu pour élève autrefois : « *Quel magnifique chercheur, quel merveilleux physicien il aurait pu être* ! ». Mais, justement, la société conforme a plus besoin de discours sur la technique que de techniciens ; elle valorise donc peu ces derniers.

Dans le même temps où la société toute entière a besoin de légitimité technique, elle fait de moins en moins confiance à la technique, ce qui peut d'ailleurs être source de régression. Elle résout cette contradiction en se rassurant quant à la valeur technique de ses propres aspirations. Il est, de ce point de vue, extraordinaire de constater le nombre de prises de position, de pétitions, d'ordre politique, social, moral ou simplement citoyen, qui se sentent légitimées par les signatures de personnes dites compétentes, souvent dans un domaine sans rapport avec l'objet du débat. On note, par exemple, qu'un nombre conséquent de prix Nobel de toutes disciplines signataires d'une prise de position, sur quelque sujet que ce soit, est perçue comme l'assurance du sérieux de cette dernière.

2. Les fausses réponses

Quel est aujourd'hui le sens de la démocratie, en dehors de la seule alternance ? Les élections européennes de 1999 ont été l'illustration dramatique de la crise politique : le combat politique n'oppose plus que des forces marginales, aucune d'entre elles n'atteignant 10 % des électeurs inscrits, l'ensemble des forces de pouvoir atteignant péniblement toutes ensemble 35 % ; alors même que 53 % des électeurs s'abstiennent et que la présence de vingt listes offrait une vaste gamme de choix, plus d'un million d'électeurs s'étaient déplacés pour voter blanc ou nul en dépit de la volonté de nos responsables d'ignorer de tels votes.

Quel est le sens de la démocratie alors que toute la presse explique que les Français sont favorables au quinquennat alors même que cette préoccupation est marginale dans l'esprit des citoyens ?

Même les plus enthousiastes des thuriféraires de la période sont obligés de reconnaître qu'il existe une crise du politique. Ils feignent donc d'y chercher des réponses ; mais celles-ci oscillent entre l'acceptation plus ou moins habillée de l'existant et le retour plus ou moins nostalgique à des formes passées. Certes, des pistes intéressantes voient, de ci, de là, le jour, mais leur caractère trop parcellaire ne saurait leur donner un intérêt suffisant.

L'habillage de la fatalité

On connaît le discours : « *La situation est dramatique et crée des masses de marginaux, d'exclus. Il faut savoir faire des sacrifices.* » Nous ne pouvons qu'applaudir à cette idée sous réserve qu'on nous dise clairement qui doit faire des sacrifices, pour qui et dans quel but. Car force est de constater que si la société engendre effectivement de plus en plus de marginaux et d'exclus, c'est la classe moyenne qui se trouve de plus en plus sollicitée pour payer la note de la paix sociale et aussi de la bonne conscience de la classe dirigeante.

Force est aussi de constater que les pauvres (terme dont on ne sait trop qui il désigne) servent souvent d'alibi pour détruire les instruments de solidarité si difficilement construits par le passé. Ainsi, dans un article publié dans *Le Monde* en 1998, Alain Minc, félicitait Lionel Jospin de ne plus vouloir verser les allocations familiales qu'en fonction du revenu (ce dernier en est d'ailleurs revenu depuis !) et lui demandait un effort supplémentaire dans le même sens, déclarant que le système actuel de solidarité est inacceptable et injuste. En effet, disait-il, ce système prend mieux en charge le rhume du cadre supérieur durant ses vacances à Courchevel que la pneumonie de l'enfant de famille pauvre à Aubervilliers. Passons sur le côté faux, ridicule et démagogique de ce genre de déclaration. Mais remarquons l'utilisation désormais classique de la pauvreté. Lorsque la générosité est utilisée contre la solidarité, on peut toujours être certain que des principes fondamentaux vont être remis en cause.

Comme le dit Philippe Labarde[1], « *la solidarité moderne, c'est de faire payer ceux qui n'ont pas grand-chose pour ceux qui n'ont rien* ». L'ascenseur social n'aura plus à être réparé puisqu'il n'y aura plus d'étages entre le rez-de-chaussée et une terrasse inaccessible.

La destructuration de la classe moyenne salariée n'est pourtant de l'intérêt ni des plus démunis, ni de la cohésion sociale. Les manifestations de décembre 1995, en mettant l'accent sur le service public, ont mis en évidence la contradiction entre le discours sur les nantis et les principes généraux qui régissent la société française et qui pourraient, si nous savions les défendre, régir demain la société européenne démocratique et républicaine.

Le discours sur la pauvreté s'harmonise ainsi avec celui sur les nantis ; lorsque Raymond Barre, nouvelle référence de la gauche moderne, suggérait de remettre en cause le code du travail, on peine à croire que cela aidera beaucoup au progrès social, mais, en tout cas, on voit en quoi cela poussera à l'égalisation par le bas.

Dans la situation d'émiettement qui caractérise l'évolution de la société, dans l'univers d'inquiétude, d'incertitude et de risques permanents qui se construit sous nos yeux, chacun de nous devient petit à petit un exclu. Si le mot « exclu » peut paraître trop fort à certains, disons tout simplement que le citoyen disparaît pour devenir sujet de la société conforme. En tout cas, la fascination pour la marginalité, se conjuguant à celle pour la différence, conduit à l'abandon de tout intérêt pour le contrat social.

D'une certaine façon en effet, l'utilisation de la marginalité, jointe à un discours vaguement libertaire, conduit à présenter toute valeur collective comme archaïque et finalement répressive. Nous ne cherchons pas, pour notre part, à opposer solidarité et charité, bien que celle-ci soit trop souvent un business. Mais nous souhaitons que la place de chacune d'entre elles soit clairement définie ; la charité, en s'intéressant plus à la misère dans l'homme qu'à l'homme dans la misère aboutit, lorsqu'elle occupe l'espace politique, à remplacer l'humanisme par l'humanitaire. Comment ne pas admettre que la redécouverte des soupes populaires comme grand projet social aurait plutôt dû apparaître, au début des années 80, comme un signe d'échec que de réussite dans un État appartenant au G7 et plus particulièrement sous un gouvernement dit de gauche ?

La solidarité change par conséquent de nature. Alors qu'elle a été et qu'elle peut être un grand élan dynamique de recherche et d'effort collectifs pour le changement et le progrès, qu'elle peut s'accorder avec la joie et le plaisir individuels, elle est souvent présentée comme un acte individuel de partage du malheur, de participation à la tristesse. Sa fonction n'est plus d'aider au changement mais de participer à la fatalité du drame humain.

Comme il faut quand même, en effet, rassembler les peuples, on les fait pleurer collectivement : c'est là qu'intervient l'instrumentation de la marginalité, de la misère, du passé et des malheurs des hommes ; on en fait des instruments de pouvoir. Au-delà des grands événements de pleurs collectifs tels que le téléthon, il est impossible de ne pas citer les grands élans de repentir collectifs, fortement médiatisés bien entendu. Scénario assez classique et éprouvé de toutes les hégémonies intellectuelles, les confessions collectives ont souvent pour conséquence et parfois pour objet, de faire oublier *a posteriori* tout débat sur le présent. Elles permettent également, insistons une fois encore, en se présentant comme un acte politique et social de rassemblement, d'éviter toute critique des consensus ainsi créés.

« Small is beautifull »

Le local fait l'objet d'un investissement multiforme et à bien des égards très créatifs de la part d'anciens militants de gauche et d'associatifs. La démocratie locale est devenue, dans la foulée des mouvements de retour à la terre dans les années 60 et 70 et de la décentralisation de 1982, un enjeu politique majeur.

Au-delà des replis communautaires, l'investissement dans le local correspond à des tendances lourdes de nos sociétés en mutation. En effet, face à la mondialisation et à la complexité affichée des enjeux, la proximité apparaît comme une solution d'évidence pour améliorer l'environnement, les transports, lutter contre la pollution, réhabiliter les quartiers... Elle correspond par ailleurs aux tendances contemporaines de repli sur la fratrie et les groupes d'amis. On participe, on partage, dans la mesure où on reconnaît l'autre comme un interlocuteur. Alors que dans l'idéal démocratique, cette validité est consubstantielle à l'attribut de citoyenneté, elle relève ici des « affinités électives ». L'objet prime la structure. D'autre part, la recherche de proximité peut être le corollaire d'un besoin de voir et de maîtriser ses actes dans leurs tenants et aboutissants[2].

La démocratie locale a donné lieu à de multiples initiatives visant à améliorer la participation des citoyens à la gestion locale (conseils d'anciens, référendums locaux...). En aucun cas, elle n'a abouti à un partage du pouvoir. Et la décentralisation n'a pas non plus renouvelé cette question. Le maire de grande ville (ou le président de communauté urbaine ou de communauté de communes) demeure un personnage tout puissant sans contrepoids politique. Il dispose de compétences propres bien supérieures à celles du conseil municipal en tant que collectivité. Les membres de sa majorité sont dépendants de lui dans l'exercice de leur mandat tandis que l'opposition n'a toujours pas été dotée d'un véritable statut qui lui garantisse l'accès au matériel, une répartition des temps de parole... Nombre de maires cumulent par ailleurs les mandats : ils sont aussi président de conseil général, voire ministre. Le recul du gouvernement à ce sujet en ce qui concerne Elisabeth Guigou est à cet égard un bien mauvais exemple. La décentralisation a souvent consacré le retour des féodalités, renforcé les potentats locaux, conforté les rentes de situation.

La décentralisation correspond à la mise en place de méthodes d'information et de consultation. Ses initiatives ont souvent contribué réellement à améliorer le fonctionnement des institutions locales sans remettre en cause les compétences des uns ou des autres et la responsabilité des élus. La décentralisation est venue consacrer la recherche d'un rapprochement du pouvoir et des citoyens, comme un choix de société et aussi, sans doute, dans l'idée d'accroître l'efficacité de législations et de réglementations de plus en plus nombreuses. Ces initiatives constituent des « plus » qui doivent être conservés et améliorés.

Cependant, le « local » ne saurait, par lui-même, constituer une solution à la crise de la démocratie et la société ne peut pas uniquement s'organiser sur des micro regroupements collectifs. D'une part, le local correspond rarement à un partage du pouvoir renouvelé entre les citoyens et les élus. D'autre part, il apparaît souvent comme une compensation donnée à la perte du pouvoir réel sur les choses que provoquent l'internationalisation des affaires et le repli du politique. Le citoyen obtiendrait la gestion des plantes vertes et des fêtes locales, tandis que les grandes décisions seraient prises par d'autres en d'autres lieux. Le retour au local ne doit pas servir d'alibi à des renonciations graves d'exercice de la démocratie, la réalité du pouvoir étant exercée ailleurs (plus haut, plus loin). Pour certains, cette évolution traduit une renonciation et souvent des désillusions sur l'engagement civique. Pour d'autres, il est moyen de faciliter la paix sociale en donnant aux individus une forme de prise visible sur leur environnement ou de renouveler les formes de représentation politique. Dans tous les cas, c'est l'esprit dans lequel l'initiative est prise et la conscience que les participants ont de l'intérêt général – et des obligations qu'il leur impose – qui fera de l'action entreprise un plus pour le renouveau de la démocratie. C'est bien le débat que traduit le vocable à la mode de « bonne gouvernance ». Forgé dans le cadre de la science administrative anglo-saxonne, il pourrait se traduire par la « bonne administration des choses », c'est-à-dire leur bonne gestion. Et c'est bien, d'ailleurs, le modèle qu'on nous propose au niveau global : aménager la mondialisation avec un peu d'environnement et de droits de l'homme sans remettre en cause fondamentalement ses structures de fonctionnement. En aucun cas, tel qu'il a été conçu, le vocable de gouvernance n'a pour but de renouveler la démocratie. Il s'agit d'efficacité et de transparence, pas de légitimité démocratique, ni véritablement de responsabilité puisque le système implique une multiplicité d'intervenants qui va brouiller l'identification de ces responsabilités. D'où la difficulté rencontrée aujourd'hui par les mouvements de citoyens de penser un approfondissement de la démocratie à partir des concepts et des cadres de la « gouvernance » largement imprégnés de préoccupations gestionnaires et utilitaristes. La recherche de l'approfondissement de la démocratie relève plutôt de ce qu'on appelait, à la Renaissance, le « bon gouvernement », c'est-à-dire la bonne expression de l'intérêt public par le peuple et ses représentants, la recherche de légitimité de la décision publique et la réflexion sur l'exercice « vertueux » du pouvoir. L'idée de « vertus civiques » s'appliquant aux devoirs envers la collectivité autant qu'aux droits, ainsi qu'à la construction collective de l'intérêt général. Sinon, la participation de la «société civile» – fourre-tout qui n'est fondée sur aucun principe de représentativité ou de légitimité – risque de se réduire à la colonisation du pouvoir par les groupes les plus puissants et à la «privatisation» de la décision publique, c'est-à-dire sa soumission à des intérêts privés et parcellaires.

Les internationalismes cyber

Le développement des nouvelles technologies de l'information et de la communication font l'objet d'un investissement militant et contestataire certain et réel. On n'oublie pas que c'est à partir de la mise sur la Toile du projet d'Accord multilatéral sur les investissements (AMI) qu'une mobilisation a pu être organisée à travers la planète et aboutir à l'échec d'un projet jusque-là négocié en secret. On parle de renouvellement de la citoyenneté et même d'e-démocratie.

Si l'intérêt d'une plus grande possibilité de faire circuler l'information est évidente, une technique n'est pas, par elle-même, porteuse de valeurs. Cela dépend de l'usage et de la culture qui l'accompagnent. Sinon, elle peut très bien n'être qu'un moyen de conforter l'ordre établi. Comme le souligne Armand Mattelart, «*la techno-utopie se révèle une arme idéologique de premier plan dans les trafics d'influence, en vue de naturaliser la vision libre-échangiste de l'ordre mondial*». En effet, selon Serge Halimi, les promoteurs de cette utopie libéral-libertaire, encourent un triple risque: «*Celui de traiter avec légèreté la question du lieu pertinent de l'action revendicative (entreprise, État, planète); celui de confondre les personnes qu'ils peuvent contacter le plus commodément avec celles qui auraient le plus intérêt à un autre monde; celui, enfin, de négliger l'impératif de l'organisation – et de voir alors se dissoudre leurs projets de transformation sociale dans un océan d'initiatives incantatoires.* »[3]

Internet ne remet pas en cause les structures sociales et les partages de savoir. Il demeure largement pratiqué par une frange très intégrée de la population mondiale. Il ne fait que confirmer, sans les changer, les rapports de domination. Les facteurs de transformation sociale dépendront encore longtemps de l'histoire et de la culture d'un groupe social ou d'un lieu.

Le développement d'Internet suggère une réflexion sur les rapports de forces alors que la grille d'analyse marxiste a montré ses limites. Si le rapport dominants / dominés, décrit par Pierre Bourdieu, permet le renouvellement de la problématique de la lutte des classes, il n'a pas pour l'instant abouti à une nouvelle théorie des rapports de forces, au niveau national et international. Un tel renouvellement passe par un lien à tisser entre le mouvement social, le milieu intellectuel et la représentation politique.

Les refuges du passé

D'autres réponses politiques ont un impact plus global dans l'opinion car elles correspondent à une fuite en arrière vers des terres en apparence connues ; nous classerons parmi celles ci le souverainisme archaïque et les revendications identitaires.

Le souverainisme archaïque

L'idée républicaine est « *nationale et universelle à la fois* », comme le dit Samuel Tomei[4] ; si rivée à la nation française qu'on ne saurait promouvoir son extension géographique sans éprouver un sentiment d'abandon ; mais, dans le même temps si universelle qu'il semble impensable de l'isoler dans le cadre d'un vieil État-nation.

Face à ces contradictions et à l'assimilation apparente et facile entre République et nationalisme, la gauche officielle a d'abord laissé l'exclusivité de la Nation à la droite pour ensuite renier la République dans ses principes.

Un tel cadre laisse inévitablement la place à des appels à rassembler les souverainistes, quelles que soient leurs sensibilités politiques comme l'a montré le mauvais débat sur le traité de Maastricht. Ces tentatives, fort bien incarnées par exemple par Philippe Seguin, ou d'une autre façon, par Charles Pasqua, reposent sur une ambiguïté : la définition du souverainisme.

Le souverainisme, vu et présenté par Philippe Seguin, ou même par Jean-Pierre Chevènement, repose avant tout sur une certaine idée de la France éternelle, sur son rôle et sur sa mission ; en ce sens, ils présentent plus la République comme un instrument au service de la France que comme un projet universel ; c'est ainsi qu'il n'y a apparemment pas de difficulté pour Philippe Seguin à être admirateur de Napoléon 3, pourtant grand pourfendeur de la République.

Cette ambiguïté explique pourquoi les « souverainistes » ne critiquent pas ou très peu le système technocratique. La force de l'État étant pour eux un élément essentiel de la souveraineté, ils soutiennent par définition ce qui leur semble être le corps qui structure le bon fonctionnement de cet État. Ce faisant, ils semblent présenter l'affrontement entre souverainistes et fédéralistes comme un combat entre un État fonctionnel et technocratique français et un État fonctionnel et technocratique européen. Aucune recherche de réel contrat social dans ce débat, ce qui explique la faible prise en charge de cet enjeu par les forces sociales.

Il est particulièrement intéressant de lire Henri Guaino[5], souvent présenté comme un des porte-parole du souverainisme, déclarer : « *Si le souverainisme, c'est la défense intransigeante de l'indépendance nationale, c'est une noble cause, mais qui n'est pas d'actualité. Mais, si, être souverainiste, c'est défendre le principe de la souveraineté nationale et le principe de la souveraineté populaire comme sources de la légitimité et de la responsabilité politiques, alors le souverainisme est bien la seule réponse qui vaille à la crise politique française et à la crise politique européenne.* »

De fait, la critique portée à la souveraineté par les porte-paroles de la pensée conformiste se borne à mettre l'accent sur les dérives catastrophiques du nationalisme en oubliant ce que la Nation a pu avoir de libérateur et surtout en quoi elle a pu être une forme d'expression populaire authentique. Mais, inversement, les nouveaux « souverainistes » font l'impasse sur la nature de la souveraineté.

La souveraineté est, avant toute chose, celle du peuple ; en ce sens, elle participe d'un projet universel ; son lien avec la nation française n'est que le produit de l'histoire ; aussi fort et nécessaire qu'il soit aujourd'hui, il peut être dépassé, élargi dans une perspective plus lointaine.

Les revendications identitaires

L'admiration pour les communautés de toutes natures restera sans doute une des caractéristiques de cette fin de siècle. Ainsi Alain Touraine (*Le Figaro*, 29 mars 1999), explique-t-il que : « *Le lieu chaud n'est plus le problème social, mais la conception que nous avons de l'identité : attachement jacobin à l'identité nationale comprise comme universalisme ou bien volonté plus « anarchiste » de reconnaissance de la différence qu'elle soit religieuse, ethnique, sexuelle...* » Critiquer ces thèses suscite aussitôt une déferlement d'agressions. Nous connaissons les thèmes : en critiquant le retour à l'émiettement communautariste de la société, nous serions sectaires, racistes, liberticides, néofascistes (on oublie d'ailleurs, en disant cela, que c'est Hitler qui opposait les communautés entre elles). Et pourtant oui, nous nous inquiétons de cette vague qui tend à mettre l'accent sur ce qui sépare et non sur ce qui rassemble, de cette tendance qui tend à dire que la laïcité est répressive, mais que le retour aux particularismes régionaux, ethniques, religieux (que, pour les besoins de la cause, nos détracteurs appellent laïcité plurielle), est un symbole de liberté. Lorsque, de façon quasi unanime, les élus corses demandent que l'enseignement de la langue corse soit obligatoire dans l'île, nous y voyons une attitude sectaire et non pas un progrès culturel ; ainsi, au nom du respect de la différence, nul, en Corse, n'aurait le droit d'être différent de sa différence supposée. C'est au nom des mêmes principes que la Catalogne, au nom de sa différence, devient terre d'exclusion pour les non Catalans et, pire, terre d'affadissement de sa propre culture et de sa propre langue au travers de son officialisation.

Le problème est que le droit à la différence dérape très rapidement sur la différence du droit. Le problème est qu'au prétexte de l'inégalité qui doit donner lieu à des soutiens spécifiques, agissent des forces mues par des motifs bassement intéressés. Ainsi Jean-Paul Huchon, président de la région Ile-de-France, explique-t-il que sa région, pourtant une des plus riches d'Europe, n'était jusqu'alors pas éligible aux fonds structurels européens prévus pour les régions « déshéritées », mais que les nouveaux critères de Bruxelles devraient lui permettre d'y accéder, notamment pour ce qui concerne la politique de la ville. Et d'en conclure qu'il doit renforcer son lobbying.

C'en serait donc fini du principe d'égalité. C'en serait fini d'une recherche d'une citoyenneté européenne qui pourrait être fondée sur des principes universels ; l'Europe des groupes, des communautés est en marche. On détruit la Nation, on la remplace par la communauté. Alors même qu'on prétend rassembler l'humanité autour d'un avenir commun, on l'émiette de plus en plus. Mais le paradoxe n'est qu'apparent car, en effet, les citoyens resteront unis, dans le système qu'on nous propose (et peut-être à leur corps défendant), par les dogmes qui permettent à la nouvelle aristocratie de gérer les affaires. L'exaltation de la différence et des communautés de toutes natures est finalement l'instrument qui permet de faire accepter au citoyen devenu membre de sa (ou ses) communauté (s) la soi-disant fatalité des décisions et des intérêts essentiels. Au nom de la nécessité d'harmoniser, on détruit le débat politique ; en contrepartie, on accentue les différences ethniques, religieuses, culturelles ; bref, on divise pour régner.

Il n'y a donc pas contradiction, mais complémentarité, entre la centralisation et l'éloignement d'un pouvoir non discutable sur les questions les plus fondamentales pour l'avenir de la société et l'émiettement de cette même société. La parcellisation de la société est l'exutoire des frustrations crées par une politique conforme.

En France, les dirigeants politiques de droite comme de gauche ne se cachent même plus de ce mode de fonctionnement fondé sur l'acceptation commune de l'essentiel ; combien de fois n'avons nous pas entendu à gauche le discours suivant : « Si nous ne faisons pas cette réforme, la droite la prendra à son compte », comme si une réforme n'avait pas d'identité politique, n'était qu'un produit banal qu'il faut s'approprier et vendre au mieux. Ainsi Bernard Poignant, rapporteur de la Charte européenne des langues régionales et minoritaires, déclare-t-il : « *Si les républicains se désintéressent de cette attente, les nationalistes s'en empareront* » ; singulière conception du débat qui prend en otage la pensée !

En fait, nos responsables ne savent penser ni la citoyenneté ni le contrat social dans l'espace qui s'impose à eux ; alors ils théorisent le fatal qui cogne à leur porte.

La volonté de prétendre, comme on le fait de plus en plus, que tout ressortissant d'un État européen, ou tout immigré vivant sur le sol européen, est citoyen de l'Europe, est une présentation abstraite et apologétique qui fait l'impasse sur la nature de la citoyenneté. Et c'est l'échec de cette conception qui repousse certains vers le repli national.

3. L'heure du politique

De la légitimité

Le dilemme efficacité-légitimité

Face aux difficultés d'exercice du pouvoir dans une société internationalisée et technicisée, les gouvernants invoquent la nécessité d'une plus grande efficacité et d'une meilleure compétence des dirigeants. Ce souci conduit à une dilution de la souveraineté, c'est-à-dire celle de la légitimité du pouvoir qui devrait pourtant toujours émaner du peuple.

La démocratie anglo-saxonne est habituée au pragmatisme, au discours sur l'« efficacité ». C'est ainsi que se justifie en Grande Bretagne le scrutin majoritaire à un tour qui amplifie particulièrement les majorités électorales. C'est ainsi, toutes proportions gardées, que les « démocrates libéraux » de 1789 justifièrent le suffrage censitaire contre le suffrage universel. L'argument d'efficacité dans le domaine politique, outre sa définition assez contestable, a des effets pervers et régressifs par rapport à l'idéal républicain de citoyenneté. Ce dernier, qui recherche le jugement éclairé des décideurs (législateur ou gouvernement) et leur responsabilité devant les citoyens, sait que le discernement exige parfois du temps, de la réflexion, du débat, quitte à être moins efficace. La démocratie impliquerait, plutôt que d'affaiblir les parlements, de redonner au législateur des moyens et du temps afin de remplir sa mission qui est de fabriquer la loi sous le regard des citoyens ; les parlements devraient, en particulier, retrouver la maîtrise de leur propre ordre du jour, aujourd'hui entre les mains des gouvernements.

La recherche de l'efficacité a, en effet, généré un discours tout à fait contestable sur la compétence de ceux qui doivent gouverner. D'une manière générale, ce problème de la compétence si familier des Anglo-Saxons, heurte profondément l'esprit républicain ; celui-ci postule, en effet, que le seul compétent en politique est le peuple car la chose publique est sa propriété ; et que tous les hommes étant doués de raison sont capables de se gouverner eux-mêmes à condition que la société leur en donne les moyens. La problématique aujourd'hui conçue de la compétence est donc particulièrement régressive par rapport à la notion républicaine de démocratie.

En France, de plus, le déséquilibre entre l'exécutif et le législatif est aggravé par les institutions de la 5e République qui ont accru fortement les pouvoirs du chef de l'Etat tout en maintenant la fonction de premier ministre. Ce déséquilibre avait été présenté comme destiné à préserver des errements de la 4e et d'assurer l'efficacité du pouvoir. Auparavant, la constitution faisait du président, élu par le Congrès, un arbitre et ses pouvoirs propres ne lui donnaient pas de réelle influence. Assurément, son élection au suffrage universel direct a tout déséquilibré, avec cette difficulté supplémentaire que la constitution n'avait pas été conçue pour un chef de l'État, véritable chef de l'exécutif et de la majorité parlementaire, alors que le mode d'élection et la pratique en font l'autorité essentielle du pays. Or, il est totalement irresponsable (sauf haute trahison) pendant tout son mandat. Le premier ministre, quant à lui, est responsable devant le chef de l'État et l'Assemblée nationale et joue le rôle de « fusible » en cas de crise. Le président peut dissoudre l'Assemblée nationale mais celle-ci n'a aucune prise sur lui alors qu'elle dispose du pouvoir de renverser le premier ministre. À cet égard, l'élection au suffrage universel direct du président de la République a, *in fine,* servi à donner un label démocratique à la dépossession de la souveraineté populaire.

Toute modification constitutionnelle doit prendre en compte l'équilibre général des pouvoirs. Or, les réformes qu'on propose régulièrement évitent tout questionnement d'ensemble. Elles s'attaquent à des questions ponctuelles sans considérer les équilibres globaux. Mieux vaudrait rédiger une nouvelle constitution que de bricoler sans arrêt celle-ci au risque de rendre incohérent l'ensemble. La succession de réformes montre que l'opinion est prête à se débarrasser d'une constitution autoritaire qui a fait son temps.

Faut-il instaurer un régime présidentiel pur comme aux États-Unis ? C'était le choix de Léon Blum[1]. Faut-il revenir à un régime parlementaire classique avec un premier ministre assumant la totalité de la fonction exécutive ? C'était l'inclination de Pierre Mendès-France[2]. Les réflexions de techniciens du droit constitutionnel seraient mieux conduites si elles s'inspiraient de ce principe général que le pouvoir est mieux exercé collectivement que par un homme seul. Jean-Jacques Rousseau et Condorcet ont souligné les avantages pour la démocratie de ce partage du pouvoir qui oblige à la confrontation de points de vue qui doivent se justifier. La tendance actuelle est à la valorisation de la décision d'un seul, avec ce bémol qu'il s'entoure de tout un aréopage d'experts, d'autorités « indépendantes ». Ces derniers ne sont jamais responsables devant l'opinion et leur désignation correspond à une sélection de compétences et non à un principe démocratique.

La fuite en avant dans les procédures et les réformettes traduit l'incapacité à penser réellement la démocratie. Quel principe de légitimité et d'efficacité sommes-nous capables d'inventer qui tienne compte des évolutions sociologiques et des impératifs philosophiques que la collectivité se donne ?

C'est ici que réside le sens d'une revivification de la citoyenneté afin de sortir des faux débats que nous impose une classe politique autocooptée qui parle d'autant plus des faux problèmes qu'elle y voit le moyen de maintenir son pouvoir.

La question est d'ailleurs encore plus redoutable au niveau de l'UE qui absorbe une part de plus en plus grande de la production des règles juridiques et techniques.

Union européenne : l'affrontement des légitimités

L'UE ne fonctionne pas de manière démocratique. Cette situation acceptable dans le cadre d'une organisation internationale dotée de peu de pouvoir ne l'est plus lorsqu'il s'agit d'un véritable pouvoir normatif, législatif.

Dans le système institutionnel de l'UE, la légitimité démocratique est incarnée par le conseil des ministres dont les membres sont les représentants indirects des peuples ; le Parlement n'a qu'un pouvoir consultatif. Cette situation ne saurait surprendre car elle correspond aux caractères d'une société internationale au sein de laquelle les Etats constituent les cellules de base. La préoccupation n'était pas « démocratique » à l'origine – ce problème étant résolu au niveau de chaque pays – mais de parvenir à des concessions de souveraineté qui permettent l'action commune. Les fondateurs de l'UE, fédéralistes convaincus, ont établi un système qui préserve les souverainetés nationales tout en conférant aux instances communautaires des possibilités d'actions réelles, supranationales. L'équilibre s'est donc construit entre pouvoirs étatiques et pouvoirs technocratiques (de la Commission européenne). Une représentation populaire dans un tel contexte n'a pas de sens car il n'existe pas de peuple au niveau européen.

Ce schéma constitue toujours la base des institutions de l'Union. Comme le rappelle Olivier Beaud, il s'agit d'un phénomène structurel : « *Les traités institutifs, initiaux ou révisés, reconnaissent un rôle prééminent aux États dans l'agencement des organes, puisqu'au sein du quadripartisme institutionnel, inventé pour mêler les légitimités communautaires et étatiques, l'organe pivot demeure le Conseil, c'est-à-dire l'organe intergouvernemental. Or, la pratique a encore accentué le caractère interétatique ou confédéral du système institutionnel.* »[3] En effet, le Conseil n'est pas responsable collectivement, devant quelque organe que ce soit. Il est courant de souligner cette double légitimité démocratique ; ainsi, le doyen Georges Vedel rappelle qu'« *il faut tenir compte de ce que l'origine des gouvernements présents au Conseil et celle des membres du Parlement européen font que leurs compétences communautaires s'appuient effectivement sur un processus de légitimation démocratique dans le cadre national* »[4].

Toutefois, ces deux légitimités démocratiques ne revêtent pas la même signification. La situation du Parlement européen n'est malheureusement, peut-être, que le reflet du déclin généralisé des assemblées représentatives dans les démocraties dites modernes. La théorie de la séparation des pouvoirs fonde toujours les régimes politiques, mais elle se transforme par une redéfinition des pouvoirs, les organes assumant des fonctions différentes mais restant séparés. Mais cette infériorité parlementaire peut aussi révéler des arrière-pensées plus profondes : si la Commission est parvenue à incarner l'intérêt communautaire dans la pratique, le Parlement européen est loin d'incarner une véritable assemblée démocratique supranationale : ses députés sont largement élus en fonction des enjeux de politiques internes des Etats-membres.

Dans certains domaines, le conseil des ministres doit obtenir l'approbation du Parlement européen mais, s'il s'agit d'un pouvoir d'empêcher pour les députés de Strasbourg, ils ne disposent toujours pas, malgré l'ampleur des compétences européennes, de la possibilité de faire eux-mêmes la législation. La Commission dispose, comme le Conseil, d'un important pouvoir normatif, la plupart du temps sur délégation des ministres mais avec toute la puissance de la gestion quotidienne. Elle est l'arbitre et le législateur du marché commun et poursuit avec zèle la politique libérale décidée par les traités. Le pouvoir délibératif du Parlement européen n'impressionne véritablement personne, surtout pas les responsables politiques, dont l'attitude traduit souvent une sorte d'ignorance, voire de mépris de cette instance : de manière assez cynique, certains avouent même « caser » sur les listes européennes les membres de leur parti qui n'ont pas trouvé de place ailleurs. Les grandes figures sont réservées à la Commission depuis l'origine : Jean Monnet, Walter Hallstein, Jacques Delors, Sicco Mansholt...)[5].

Le Parlement européen est victime d'une suspicion importante qui est double : suspicion envers la supranationalité, qui explique les réticences à l'augmentation de ses pouvoirs, et suspicion concernant sa légitimité véritable, dans la mesure où il n'existe pas d'espace public européen et donc de peuple européen. D'ailleurs, le traité se réfère aux peuples des États réunis dans la Communauté (art. 137 CE). La difficulté d'harmoniser les procédures électorales illustre la permanence d'une médiateté nationale de la représentativité parlementaire. Le Parlement européen n'exerce pas le pouvoir législatif : sa capacité d'initiative est conditionnée par l'intervention de la Commission, et la codécision s'analyse comme un pouvoir d'empêcher et non de décider au sens plein. L'importance des pouvoirs du Parlement Européen est inversement proportionnelle à l'importance politique ou financière des questions traitées.

Dans ce contexte, le rôle du Parlement européen n'est pas « démocratique » au sens de la souveraineté populaire ; il constitue en revanche une instance « parlementaire » au sens de la fonction d'encadrement et de contrôle qui est largement le lot commun des parlements contemporains, avec cette nuance que s'il peut renverser la Commission, il ne peut renverser le Conseil.

La cohabitation des « légitimités démocratiques », entendues ainsi, demeurera certainement dans les prochaines années, jusqu'à ce que la notion de souveraineté populaire prenne corps à l'échelle de l'Union, en termes de mentalités et de conscience des intérêts communs. C'est pourquoi, les pouvoirs de contrôle du Parlement doivent être étendus avant même ses pouvoirs de décision propres. De même, son rôle de représentation, en particulier des minorités politiques peut-il être étendu. Il est l'instance où le débat sur les orientations communes peut trouver sa place légitime. Dans le même temps, le contrôle démocratique peut être renforcé par la mise en place et le développement de la conférence des parlements nationaux et l'élaboration de contrôles nationaux sur les ministres.

Le Parlement de l'Union est cependant une construction largement artificielle. C'est certainement la promotion des parlements nationaux dans la délibération européenne qui permettrait aux citoyens de se réapproprier une construction européenne dont le principe n'est plus véritablement contesté. Paul Thibaud suggère, par exemple, que des débats simultanés se tiennent sur les grandes questions communes dans chaque assemblée nationale tandis que le Parlement se verrait confier un rôle similaire à celui du Sénat.

Le schéma explicatif de la définition des pouvoirs demeure le conflit entre intégration supranationale et coopération intergouvernementale. Selon Philippe Lutton, «*La séparation communautaire des pouvoirs précise l'équilibre atteint dans le conflit fondamental (intégration/coopération). Cette signification du système est parfaitement conforme au rôle historique de la notion de séparation des pouvoirs. À l'aube du parlementarisme libéral, elle a servi à institutionnaliser et à gérer l'affrontement des deux légitimités concurrentes : la légitimité monarchique traditionnelle, toujours vivante, et la légitimité représentative naissante. Comme dans la communauté, chaque option, représentée par un ou plusieurs organes, était investie d'une des fonctions juridiques de l'État.*»[6]

Le fédéralisme constitue une des voies de sortie de cette confrontation des légitimités dans la mesure où, en transformant l'UE en État, il transpose les mécanismes connus à l'échelle des pays. Cependant, s'il a le mérite de la clarté, il se heurte à la faiblesse du «vouloir vivre ensemble» des Européens (problème de faisabilité) et s'écarte des traits spécifiques du schéma institutionnel de l'UE. Or, on peut, dans ce cadre, trouver des mécanismes de responsabilité et de légitimité. L'exposition en détail de ces mécanismes dépasse le cadre de cet ouvrage. C'est à travers une répartition des compétences repensée entre l'UE et les États membres et une hiérarchisation de ces compétences que réside, à notre sens, une solution crédible.

Le débat sur une charte européenne des droits fondamentaux a, à cet égard, mal posé la question de la légitimité de l'UE. Il relève d'une fuite en avant qui fait l'impasse sur la nature de la construction européenne, étatique ou paraétatique. Si on veut faire de l'UE un Etat, alors donnons-lui une charte. Si l'UE demeure une organisation internationale, particulière certes, alors la question de la légitimité se résoud dans le cadre d'une clarification de la répartition des compétences entre l'UE et les États.

Car la question majeure réside dans la définition du projet européen. Aujourd'hui, cette question est écartée car l'Europe se suffit à elle-même comme projet, dans l'esprit des dirigeants. La conséquence en est qu'elle se développe par elle-même, au coup par coup, dans une logique attrape-tout et que la confusion grandit sur les responsabilités des uns et des autres, de l'Union ou des États. La crise de la vache folle l'a illustré tragiquement qui a vu la Commission et les États se renvoyer les responsabilités tandis que l'Union, dans son ensemble, était incapable d'agir efficacement, de prendre la moindre décision utile. D'où l'importance de clarifier le principe de subsidiarité, de proportionnalité (adéquation des moyens employés à l'objectif envisagé), de coopération loyale des États entre eux et envers l'Union. Pour l'instant ces principes sont flous et entre les mains des juges qui les appliquent au cas par cas. Or, de tels principes doivent être débattus et définis politiquement.

Les élites européennes fantasment sur la transformation à terme de l'Union en État (la fédération). C'est ce que sous-tendent les débats sur la constitution européenne ou la charte. Quel que soit l'intérêt de ces questions, elles risquent de ne pas répondre à celle du contenu du projet européen, qui seul permettra de clarifier les compétences des uns et des autres et, peut-être, de resserrer l'entreprise européenne sur quelques grandes questions cruciales.

Car l'Europe, on ne peut l'ignorer, perd de jour en jour de sa crédibilité auprès des citoyens. Non pas parce que ceux ci auraient la nostalgie du passé ou de leur identité, mais parce que L'Europe apparaît comme incapable de prendre en charge les problèmes de notre époque (chômage, santé, sécurité alimentaire, paix…) et semble préoccupée essentiellement par le dogme du libre échange. La légitimité de l'Europe auprès des citoyens dépendra essentiellement de sa capacité à se générer comme un véritable espace de débat démocratique. Il est temps, par exemple, qu'on retrouve le droit de dire : « Ce n'est pas la question » à tous ceux qui apportent, clés en main, des réformes discutables sur des questions accessoires, des débats sur des points mineurs ; l'initiative doit revenir aux peuples.

Le pouvoir

L'échec de la gauche dans les années 80 pourrait certainement se résumer dans son incapacité (ou son absence de volonté) de changer les structures du pouvoir. C'est sans doute le jour où elle a renoncé à s'interroger sur la manière dont s'exerce le pouvoir qu'elle a renoncé à toute véritable transformation sociale.

Après une brève période où les ministres serraient la main des gardes républicains et organisaient des « réunions en bras de chemise », la gauche s'est, en effet, coulée dans le moule de la 5e République et ses représentants dans les habitudes de l'autorité. La décentralisation, si elle a redistribué les compétences, n'a pas marqué un renouvellement des pratiques de pouvoir. Et on a vu se reproduire au niveau local les attitudes qu'on connaissait au niveau national, avec ce facteur aggravant que la loi ne prévoit pas de véritable contrepoids au maire.

Trop souvent, le pouvoir est conçu comme l'exercice d'une prérogative dont les traits dépendent de celui qui le détient et qui le considère comme un dû : exercice autoritaire de la puissance publique conçue comme un art de commander plutôt que comme l'exercice d'un métier au service de l'intérêt général ; arrogance de celui qui détient un savoir ou une compétence et qui ne se remet pas en cause. Or, l'expert et l'homme politique doivent demeurer des citoyens…

La question du pouvoir a longtemps été absorbée par celle de la maîtrise de l'appareil d'État. Le pouvoir est cependant plus diffus que cela, d'une part, en raison de l'insertion de l'État dans des formes multiples d'intégration juridique internationale et, d'autre part, parce qu'il implique des aspects interpersonnels, des habitudes et des comportements.

Le pouvoir se définit au-delà des instruments qui le portent. Michel Foucault analyse le pouvoir comme un rapport, une relation. Pour lui, le pouvoir ne se prend pas, il s'exerce. « *Le pouvoir ce n'est pas une certaine puissance dont certains seraient dotés : c'est le nom que l'on prête à une situation stratégique complexe dans une société donnée.* […] *Par pouvoir, je ne veux pas dire "le Pouvoir", comme ensemble d'institutions et d'appareils qui garantissent la sujétion des citoyens dans un État donné. Par pouvoir, je n'entends pas non plus un mode d'assujettissement, qui par opposition à la violence aurait la forme de la règle. Enfin, je n'entends pas un système général de domination exercée par un élément ou un groupe sur un autre, et dont les effets, par dérivations successives, traverseraient le corps social tout entie*r […]. *Par pouvoir, il me semble qu'il faut comprendre d'abord la mul-*

tiplicité des rapports de force qui sont immanents au domaine où ils s'exercent, et sont constitutifs de leur organisation. »[7]

Les nationalisations opérées en 1982 ont été conçues comme un problème de propriété, c'est-à-dire de moyens, et non pas du point de vue des formes d'organisation. Rapidement d'ailleurs, le président de la République a annoncé que la gestion des entreprises publiques serait semblable à celles des entreprises privées. La révolte de mai 1968 a confondu, elle aussi, critique de l'État et des formes de l'État. Elle a ainsi participé à une occultation du débat sur le pouvoir.

Il est un rapport qui induit une domination. Selon Nicolas Spire, « *Il y a domination, c'est-à-dire que certains individus (ou une minorité) agissent au nom de la collectivité en prenant des décisions de nature à influer sur elle, si bien que leur volonté ou leurs intérêts supplante la volonté collective et les intérêts véritables de cette collectivité. La critique donne alors toute sa mesure : penser la domination sera en même temps penser l'émancipation c'est-à-dire établir les voies qui peuvent permettre de l'éradiquer. Si la domination est le point de départ, l'objet effectif de l'analyse sera donc bien le politique et, avec lui, en particulier, le pouvoir : un pouvoir qui désigne tout autant le fait d'être au pouvoir (et les actions qui s'y rattachent) que les processus par lesquels une collectivité est amenée (de façon contrainte ou non) à déléguer sa volonté.* »[8] C'est donc moins la prise du pouvoir qui importe que son exercice.

La nécessité apparaît de réfléchir à des conceptions moins unilatérales et violentes du pouvoir au profit d'une philosophie dans laquelle tout pouvoir, tout savoir implique des devoirs ; tout pouvoir doit avoir des contreparties en termes de contrôle, d'obligation de rendre des compte, d'association-consultation.

Quelles formes de pratiques négociées peuvent être développées dans l'administration, les services publics ? Quelles formes de partages du pouvoir peuvent être mises en œuvre sans porter atteinte au pouvoir normatif exercé au nom de l'intérêt général ? Par exemple, comment faire participer de nouveaux acteurs aux organismes de gestion collective : syndicats, citoyens ? Quelles méthodes et pratiques peuvent améliorer l'espace public (qualité du débat sur les questions d'intérêt commun) sur le plan national et international ? Qu'est-ce qu'un comportement civique ? Existe-t-il une conception de gauche du pouvoir ?

C'est sans doute autour des notions de partage et d'équilibre que le pouvoir doit être repensé. Au-delà de la nécessaire organisation de contrepoids, le pouvoir consiste en l'exercice d'une responsabilité qui implique des devoirs et l'obligation de rendre des comptes.

Les comportements

Au-delà des aspects législatifs et institutionnels, la démocratie est aussi, à la base, un comportement : le citoyen dispose de droits mais aussi de devoirs ; le civisme, la morale civique, jouent un rôle certain dans la vie en société. La citoyenneté rejoint ici le *vouloir vivre ensemble* et la nécessité de remettre en cause l'individualisme au profit, peut-être, d'un retour à l'idée du citoyen individuel-universel, chère à la tradition républicaine. Et ceci prend encore plus d'importance dans le cadre de la confrontation des cultures au travers des phénomènes migratoires.

Tout pouvoir implique des devoirs et les responsables-citoyens se doivent d'observer leurs attitudes et, comme le disait Léon Blum «*être exemplaires par leurs comportements*». Les élites sont des symboles et donnent le ton, à bien des égards, dans la société. Dans les périodes de dislocation sociale, les attitudes peuvent avoir autant d'impact que les réalisations intellectuelles ou pratiques. Nous devons tous être citoyens quelle que soit notre position dans la société. Comment garder une distance critique, comment interroger les rapports à l'argent, au pouvoir, à autrui... ?

Même s'il faut éviter d'être naïf, on ne peut tenir un discours en contradiction totale avec la pratique et, qui plus est, en tirer gloire comme si la tactique était devenu le fin du fin de la vie politique ; on ne peut tenir à certains un discours qu'on n'assume pas chez soi-même. Le discours politique n'est pas un prêche pour endormir les consciences ; il doit redevenir un instrument d'action.

D'une manière générale, comment faire pour que les individus s'interrogent sur leur comportement ? Qu'est-ce qu'un comportement civique ? Existe-t-il une consommation civique ? Comment être solidaire de l'opprimé qui se tient près de nous ? Le sens et l'envie de vivre ensemble, le développement d'attitude d'écoute et d'ouverture constituent des aspects de ces comportements civiques.

Se réapproprier l'histoire

La légitimité de tout pouvoir vient de l'homme et va vers l'homme. Séparer le pouvoir de toute analyse historique aboutit donc à nier l'ancrage de ce pouvoir dans l'histoire humaine. En tentant de gommer l'histoire, de purifier la pensée politique de ses scories d'autrefois, nos penseurs modernes donnent au pouvoir politique, de fait, une légitimité immanente, lui abandonnant ainsi le champ historique ; ce n'est pas une surprise dans le cadre de la pensée dogmatique qui domine aujourd'hui ; mais encore faut-il le dire et savoir en tirer les conséquences.

Retrouver le sens et la portée de la démocratie demande que les peuples sachent et puissent se réapproprier leur histoire ; les grands penseurs de la fin du 19e siècle et du début du 20e siècle l'avaient bien compris qui donnaient à leur peuple une écriture de leurs grands moments : ainsi Victor Hugo écrivant la bataille de Waterloo, ainsi Jean Jaurès écrivant l'*Histoire socialiste de la Révolution française.*

Des tentatives existent, certes, mais ô combien limitées, contrôlées, parquées ; ainsi les tentatives du metteur en scène britannique Ken Loach ; ainsi le travail si décrié de Pierre Bourdieu. Mais ce ne sont que les prémices d'un combat nécessaire, celui qui, comme le disait Victor Hugo « *a pour espérance… le progrès remis en liberté* »[9].

Réhabiliter l'espace public

Le rapprochement des peuples n'a rien de spontané, c'est avant tout un choix de société ; il demande une décision collective qui est justement, dans la conception républicaine, le contrat social ou, si l'on préfère, la concrétisation politique de la volonté de vivre ensemble. Comme le disent Philippe Labarde et Bernard Maris[10] : « *La mondialisation version "tous citoyens du monde" est la meilleure des choses, la mondialisation version "tous caissières et tous asservis au supermarché mondial", la pire.* » La concrétisation de la volonté commune nécessite de redéfinir et de revaloriser l'espace public.

Or, sur quel discours est fondé le nouvel ordre mondial : sur le rapprochement des peuples ou sur la libéralisation des échanges ? Les deux choses sont-elles naturellement liées ?

Le service public

Jamais peut-être un mot n'aura été autant critiqué d'une part, dévoyé d'une autre. Les grandes manifestations de 1995 ont montré à quel point la question était fortement actuelle.

Certes, évidence bouleversante, il faut, pour construire l'Europe, sortir du cadre étroit de la nation française. Mais rien ne permet d'en tirer la conséquence que l'exception française doit disparaître. Et d'ailleurs au profit de quoi ? Les persécuteurs de l'exception française déduisent de la construction européenne qu'il faut oublier les valeurs républicaines qui sont, d'après eux, consubstantielles à la nation française ; méthode pratique pour les critiquer. Nous disons, quant à nous, qu'il faut les élargir et en faire un objet de débat politique au niveau européen ; faute de quoi, l'Europe sera sans âme.

Il n'y a d'exception française que pour ceux qui veulent détruire les valeurs qui fondent notre société, que pour ceux qui veulent que leurs intérêts économiques particuliers soient de plus en plus garantis, valorisés, accrus. Au nom des grands équilibres, voilà 25 ans qu'ils nous imposent une catastrophe sociale ; le seul grand équilibre dont ils ne parlent jamais, c'est celui des conditions de vie des hommes. La conception du libéralisme dont ils nous rebattent les oreilles n'aboutit, dans la forme qu'ils utilisent, forme plus marquée par la vision des rentiers que par celle du progrès, qu'à mettre de plus en plus de gens au chômage ou en situation précaire, qu'à aliéner les hommes ; on appelait cela autrefois le capitalisme. À l'heure où chacun s'est extasié devant le film *Germinal*, rejetant ainsi dans le passé une époque heureusement révolue, rappelons que l'obsession de la flexibilité totale du travail, de la précarité de l'emploi, étaient justement celle des patrons de l'époque. Rappelons que le capitalisme, aujourd'hui sympathiquement rebaptisé marché, est fondé sur l'intérêt et sur la puissance et que c'est justement grâce à la loi qu'on peut établir un autre équilibre.

Il ne s'agit là ni d'exception, ni d'originalité française ; les socialistes français se sont autrefois battus contre la politique économique et peu sociale de madame Tatcher, contre sa volonté de détruire les services publics ; les syndicats anglais aussi ; à l'heure où Tony Blair reprend l'héritage de la dame de fer, où il accepte de n'avoir aucune politique économique, simplement de respecter « la loi du marché » et, par voie de conséquence, d'organiser la flexibilité du travail, il faut, au contraire, affirmer que la question économique et sociale n'est l'exception de personne ; elle est de l'intérêt commun. C'est cela que doit être la construction européenne.

Les services publics sont au service de la collectivité sans distinction entre les citoyens ; la notion de service public est essentielle au fonctionnement de la société ; la détruire au nom de la rentabilité revient à nier l'intérêt public. Se battre pour leur développement est certainement un des plus grands services que l'on peut rendre à la construction européenne.

Retrouver le sens du progrès

Au nom des errements de l'Histoire, au nom des risques technologiques, on a remis en cause tout concept de progrès ; l'idéologie aujourd'hui dominante contemple de façon morbide l'affrontement de forces qu'elle juge incontrôlées et dont une attitude messianique pourrait seule, à son sens, pallier les dégâts. La remise en cause du progrès s'oppose ainsi, de façon insidieuse, à la philosophie humaniste.

Certes, l'Histoire récente a généré des horreurs ; certes, le système actuel peut générer l'anarchie technologique et la domination de quelques monopoles sur les choix technologiques ; peut-on, au nom de l'échec d'idéologies soit disant progressistes, faire l'impasse sur toute analyse historique de ces faits ?

La remise en cause du concept de progrès a conduit à une conception aléatoire du futur. En fait, s'est-on suffisamment posé la question suivante : assiste-t-on à la disparition de toute idée de maîtrise par l'homme libre de son propre avenir ou bien seulement à la fin d'une vision *finie* de l'Histoire, à la fin du mythe d'une marche continue de l'humanité vers un objectif parfait ? En effet, loin de tendre vers la connaissance et la maîtrise totales des choses, plus l'homme résout de problèmes et plus nombreuses sont les nouvelles questions qui émergent vers lui ; on conçoit, devant cet abîme, la tendance au découragement ; faut-il pour autant nier le rôle et la portée de la liberté humaine ?

Retrouver le sens du progrès, c'est aussi avoir une maîtrise sociale de la technique. Ceux qui innovent, ceux qui maîtrisent la technique, doivent, en ce sens, trouver un sens civique dans leur activité professionnelle comme dans la cité.

Un tel objectif ne va pas de soi ; il est tout d'abord consubstanciellement lié à l'action politique et sociale au sens étymologique du terme.

Retrouver le sens de l'intérêt public passe aussi par le type de formation ; autant il est clair que la formation doit permettre d'accéder à un métier et d'être le plus efficace possible, autant il n'est pas normal que, du primaire à l'université, soient de plus en plus abandonnées les disciplines « sociétales », qu'il s'agisse de la connaissance de la cité, de l'histoire ou de la philosophie. Ou alors, il ne faut pas tant se plaindre de la dilution du lien social et des règles collectives. De par leur place éminente dans l'organisation économique et technique, ceux qui maîtrisent la technique ont une responsabilité dans la redéfinition de ce lien.

Monsieur Jourdain rêvait autrefois de singer la noblesse de son époque pour trouver la voie de son intégration sociale ; il ne fallut qu'un siècle pour que la bourgeoisie cherche les voies du bouleversement social. Les situations les plus apparemment figées peuvent être grosses des contradictions de demain et les couches sociales les plus conformistes amenées à remettre en cause l'ordre établi.

Le citoyen

Le mot avait disparu depuis longtemps. Il avait ce petit parfum d'archaïsme qui vous envoûte dans les soirées intellectuellement branchées.

Sa réapparition nous plaît autant qu'elle nous inquiète : quelle auberge espagnole en effet ! Et malheureusement, rappeler son nom peut être aussi bien nostalgique que progressiste.

Il n'est pas utopique de souhaiter que soit mis en œuvre le discours tenu, il y a seulement quelques années, par l'actuel président de la République, puis, peu de mois après, par l'actuel premier ministre lors des campagnes électorales qu'ils ont respectivement gagnées. À moins qu'on ne considère comme l'utopie la plus grande que de vouloir qu'il y ait un rapport entre discours électoral et pratique.

Il ne s'agit pas de donner au passé davantage de valeur, de morale ou de légitimité qu'il n'en a eu ; la 3e comme la 4e République sont parsemées d'autant d'erreurs que de réussites. Il convient simplement de redynamiser des principes à notre sens volontairement oubliés par des intérêts sans volonté et sans perspective pour notre société. Ces principes, qu'on appelle humanistes et républicains sont de portée universelle dans le temps comme dans l'espace. Leur redonner vie, c'est aussi s'opposer à ces intérêts qui les détruisent.

Les faire revivre est aussi le moyen de sortir de la crise de société qui s'approfondit depuis des décennies. Un citoyen est un être conscient et politique respectable. La société actuelle parle d'autant plus du citoyen qu'elle en a peur. C'est la confiance dans l'homme qu'il faut restaurer car il n'y a pas de sortie de la crise actuelle avec des hommes redevenus sujets.

Il faut donc retrouver le sens du débat. Il est inconcevable que, sur la plupart des sujets d'importance, il soit impossible de remettre quoi que ce soit en cause sans que les hommes d'influence ne l'aient accepté. C'est un principe naturellement lié aux valeurs républicaines que de refuser les dogmes et de rechercher la solution par des débats ouverts, par des appels à la raison, c'est-à-dire par la vraie démocratie.

Il faut renforcer le sens de la liberté individuelle. La volonté qu'a la pensée dominante de catégoriser les êtres humains en fonction de leur sexe, de leur religion, de leur langue, est une arme contre la liberté : elle aboutit à un déterminisme social que la République s'est employé à combattre depuis son origine. La laïcité, c'est-à-dire la séparation de la sphère publique et de la sphère privée, fut un des instruments élaborés à cette fin. A l'heure où la Convention européenne des droits de l'homme tend à l'oublier, il convient de rappeler avec force que la démocratie n'est pas le rassemblement de communautés, mais de citoyens libres et égaux en droit.

Le citoyen parfait n'a évidemment jamais existé ; mais la tendance a été de promouvoir son émergence, d'affirmer sa place. De nos jours où, au nom de son imperfection, on tend à revenir à des formes archaïques du pouvoir politique, réaffirmer le rôle du citoyen est une façon d'œuvrer pour l'humanisme.

Vivifier le débat

Être citoyen, c'est aussi être un être politique. Si la société a confiance dans l'homme, ce n'est pas par un pur article de foi; c'est aussi qu'elle croit à son progrès; et c'est en refusant le concept de progrès que nos « nouveaux philosophes » dénient, sans le dire, toute valeur à l'homme; ils s'y intéressent, certes, en tant que victime, en tant qu'opprimé, en tant que porteur de souffrance, jamais en tant qu'homme authentiquement libre.

Une telle présentation évite, évidemment de se poser la question des voies et moyens du progrès humain; raisonner en républicain revient à inverser cette logique; une telle démarche demande une autre vision politique, institutionnelle, administrative...

La recréation du débat politique est le cœur de cette revivification. Rien ne justifie que les individus soient contraints par les dogmes, aussi élaborés soient-ils. Le débat économique doit retrouver sa place dans la cité, sans démagogie comme sans frayeur. En particulier, les choix monétaires ne sauraient rester affaire de quelques spécialistes sensés être les seuls maîtres de la connaissance; la Banque centrale européenne doit revenir sous contrôle de la puissance publique, faute de quoi les intérêts particuliers continueront de prédominer toute recherche politique.

Avoir une véritable politique sociale est aussi une vraie manière d'être européen. À l'heure où le discours officiel est au découplage entre l'économique et le social, où l'Europe sert à remettre en cause les acquis sociaux, sachons élargir ces acquis plutôt que les détruire. Plutôt que de parler perpétuellement d'emplois de proximité, façon de recréer les domestiques et autres métayers, ayons une véritable politique d'emploi au niveau européen. Certes, on nous dira que la mondialisation l'empêche, que la force américaine nous contraint ; mais alors, pourquoi l'Europe si c'est pour constater l'impuissance ? Arrêtons de prêcher sur la sainte Europe. Ou bien elle est un projet alternatif, ce que nous souhaitons, ou bien elle ne sert à rien. Si elle n'est que le cheval de Troie de la globalisation de l'économie, elle n'a pas d'intérêt. Bien évidemment, on ne peut pas faire n'importe quoi en matière économique ; mais il y a une grande distance entre faire n'importe quoi et estimer qu'il n'y a qu'une politique économique possible ; même si les thèses de J. M. Keynes ne sont plus à la mode, rechercher les marges de manœuvre pour une certaine relance de type keynésien pourrait fonder une politique économique européenne : grands travaux, avancées sociales… *A minima,* cela mériterait inventaire au lieu des haussements d'épaules habituels de la part d'experts dont les choix ne conduisent qu'à des catastrophes sociales. La seule légitimité historique de la construction européenne qui vaille est le développement social. Faute de quoi, personne n'aura le droit de faire l'hypocrite en voyant monter les attitudes de rejet.

Mais surtout, le débat politique doit se développer entre des citoyens libres et égaux en droit. De ce point de vue, une remise en cause de toutes les évolutions récentes s'impose ; elle commence par une définition nouvelle des mots ; comme il était simple, en effet, de prétendre résoudre des problèmes majeurs en jouant sur les concepts ou sur les statistiques : ainsi les bassins d'emploi, le développement des

« pays », permettent-ils de faire croire à la sortie de la crise en transférant les difficultés d'une région à une autre. Le particularisme tue les citoyens, mais favorise ses ressortissants. Refuser le particularisme, c'est, à l'inverse, se battre pour la plus grande solidarité.

Pas de vrai débat politique sans redéfinition des institutions ; les représentants du peuple doivent retrouver la légitimité qui leur est due, conséquence de la souveraineté de celui-ci : une démocratie laïque et sociale en France est non seulement nécessaire pour notre propre nation, mais est un élément général de promotion de la démocratie en Europe ; pas de parlement européen fort sans parlements nationaux forts. Les institutions doivent elles-mêmes être fondées sur des principes clairs, universels, pérennes. Il est beau de parler à tout bout de champ de nouveaux droits de l'homme ; encore faudrait-il que ce ne soit pas un prétexte pour liquider les anciens.

Au-delà de ces considérations, l'éthique du débat démocratique résulte de la conviction profonde que chacun a de la valeur du débat public. Selon Condorcet, le débat doit avoir une fonction constructive de la vérité commune, de la compréhension d'une époque et des solutions à apporter aux grands problèmes auxquels est confrontée la collectivité ; ainsi, animés de cette recherche, de cette volonté de construire l'opinion que la société va se donner sur une question à un moment donné, les partenaires du débat public doivent affûter leurs arguments dans l'expression de leur conviction au service de l'intérêt public.

Conclusion

La mode est à l'oubli de l'histoire ; la mode est à la négation du progrès. Bien sur, l'histoire a pu être un instrument idéologique et, bien sur, le progrès a pu être un alibi pour la paix sociale ; mais leur condamnation est d'autant moins pertinente que leurs juges n'ont pour objectif que le silence de la société.

Aujourd'hui l'histoire doit retrouver sa force et le progrès un sens nouveau ; l'histoire est avant tout celle des hommes. Une étape est franchie ; une autre s'annonce, difficile et contradictoire. Dans la longue marche de l'humanité, un nouveau contrat social est à élaborer ; son émergence passe avant toutes choses par le dépassement du tout « économique ».

Si l'enfer est pavé de bonnes intentions, il est aussi gardé par de braves gens. Une société vit au travers des images qu'elle se donne à elle-même. Et la figure du consommateur débonnaire, en remplaçant celle du citoyen, garde les portes du nouveau monde post-démocratique. Tranquillement, l'esprit humain sort de lui-même fasciné par son propre affaiblissement, enivré de ses reniements et de son irresponsabilité. Et la démocratie, contrat qui légitimait naguère la vie en société pour des citoyens libres et égaux, devient optionnelle pour des individus dépossédés de toute souveraineté.

Autour du barbecue de quartier, les intellectuels de gauche, une merguez bio à la main, dissertent sur les violations des droits de l'homme, loin, si loin de l'occident, chez d'arriérés dictateurs, survivance aberrante de temps obscurs. Ils ne voient pas qu'ils ne sont plus que les syndics de faillite de la démocratie, ici, tout près d'eux, chez nous. Ils ont accompagné, sans la voir, la mort de l'homme annoncée naguère par Michel Foucault. Le suffrage universel disparaît au profit de formes censitaires et capacitaires de légitimation de la décision publique ; les parlements ne sont plus que des chambres d'enregistrement où il est de mauvais goût même d'échanger des idées ; la réalité du pouvoir s'exerce dans de lointains cercles technocratico-économiques tandis qu'on distrait le peuple avec des gadgets institutionnels (référendum, conseils locaux de citoyens, parité) ou grâce aux techniques de communication.

Le post-humain qui fait les belles heures des dîners en ville et les dissertations tranquilles des grandes écoles est un post-démocratisme pernicieux et rampant. C'est au cœur de l'humanisme qu'il faut replonger pour faire renaître la liberté de demain, pour réaffirmer la place centrale de l'homme (par rapport à la matérialité, à la nature, à Dieu), pour réimposer la Raison comme fondement de la liberté et de la démocratie.

Notes

Introduction

1. Lire, par exemple, pour deux visions différentes de la question, Marc Sadoun, *La démocratie en France,* tomes 1 et 2, Gallimard, coll. Essais, 2000 et Pierre Rosanvallon, *Le peuple introuvable,* Gallimard, coll. Bibliothèque des histoires, Paris, 1999.
2. Entretien avec Alain Touraine, *Le Monde,* 16 décembre 1997.
3. *Ibid* note 2.
4. Laurent Cohen-Tanugi, « Un déficit démocratique », *Problèmes politiques et sociaux,* La Documentation française, n° 721-722, Paris, 11-25 février 1994, p. 81.
5. France 2, 24 septembre 2000.
6. Pascal Perrineau, directeur du Cevipof, 24 septembre 2000, *France Info.*
7. Joël Roman, *La démocratie des individus,* Calmann-Lévy, Paris 1999; Pierre Rosanvallon, *Le peuple introuvable, op cit.*
8. Alain Touraine, Entretien au *Monde, op. cit.*
9. « L'idéologie », *Encyclopedia universalis.*
10. Entretien à *France culture,* 2000.
11. « L'idéologie », *op. cit.*
12. Régis Debray, *Contretemps,* Gallimard, Paris, 1993.
13. Pierre Rosanvallon, *Le peuple introuvable,* Gallimard, Paris, 1999.

1. Le crépuscule de la démocratie

1. *Libération,* 28 août 2000.
2. Ignacio Ramonet, *Propagandes silencieuses*, Galilée, 2000.
3. *Le Monde,* 1er novembre 2000.
4. La culture populaire a toujours compris des aspects purement distrayants – tout à fait nécessaires et légitimes d'ailleurs –, mais il existait aussi, chez d'autres auteurs, une autre exigence. Ainsi, les romans de Victor Hugo étaient aussi prétexte à fournir au peuple des informations sur la période vécue. Il en est encore ainsi aujourd'hui de certaines séries télévisées, notamment policières, qui, tout en divertissant, décrivent une réalité sociale. Malheureusement, elles surnagent dans un océan de médiocrité.
5. *Rapport mondial sur le développement humain,* PNUD, 1993, Economica
6. Eric Hobsbawm, *L'âge des extrêmes,* Complexe / Le Monde diplomatique, Bruxelles, 1999.

7. *France Info,* 11 novembre 2000.
8. « L'Europe a besoin de laïcité », *Le Monde diplomatique,* juin 2000.
9. *RTL,* 1992.
10. Alain Touraine, entretien au *Monde, op cit.*
11. *Le Monde,* 26 août 2000.

2. Les fausses réponses

1. Philippe Labarde et Bernard Maris, *Dieu, que la guerre économique est jolie !,* Albin Michel, Paris, 1999.
2. Gérard Mandel, *La crise est politique, la politique est en crise,* Payot, Paris, 1985.
3. Serge Halimi, « Des "cyber-résistants" trop euphoriques », *Le Monde diplomatique,* août 2000.
4. *Rapport sur les valeurs républicaines et le processus de construction européenne,* IEP Grenoble, 1992-1993.
5. *Le Figaro,* 17 juillet 2000.

3. L'heure du politique

1. Léon Blum, *A l'échelle humaine,* Gallimard, coll. « Idées », Paris, 1945.
2. Pierre Mendès-France, *Choisir,* Stock, Paris, 1974.
3. «L'Europe entre droit commun et droit communautaire», *Droits,* n° 14, Paris, 1991, p. 14.
4. Georges Vedel, *Rapport du groupe ad hoc sur l'accroissement des compétences du Parlement,* Bull. CE sup. 4 / 72.
5. Jean-Louis Quermonne, « Le spectre de la technocratie et le retour du politique », *Pouvoirs,* n° 69, L'Europe de la Communauté à l'Union, p. 7.
6. Philippe Lutton, «Les équilibres mouvants du système institutionnel de la Communauté », *Revue française de science politique,* n° 1, 1985, p. 26.
7. Michel Foucault, *Histoire de la sexualité,* tome 1, *La Volonté de savoir,* Gallimard, Paris, 1976, p. 122-123.
8. *Pouvoir et domination chez Jürgen Habermas,* Mémoire de DEA, Paris 2-Assas.
9. Victor Hugo, *Les Misérables.*
10. Philippe Labarde et Bernard Maris, *op cit.*

Mémoire et utopie au Mexique
Fernanado Matamoros Ponce

L'Année sociale

L'Année sociale 2001
René Mouriaux (sous la direction de)

collection Le Présent Avenir

L'unité syndicale en France. 1895-1995.
Impasses et chemins
René Mouriaux et Pierre Cours-salies (dir.)

Le mirage de la compétence
Patrick Rozenblatt (coord)

collection Explorations et découvertes en terres humaines

La conscience mystifiée
Henri Lefebvre

Métaphilosophie
Henri Lefebvre

Éléments de rythmanalyse
Henri Lefebvre

Du contrat de citoyenneté
Henri Lefebvre

Mai 68. L'irruption…
Henri Lefebvre